Friedrich Wilhelm Joseph Schelling

Vorlesungen über die Methode des akademischen Studiums

Friedrich Wilhelm Joseph Schelling: Vorlesungen über die Methode des akademischen Studiums

Erstdruck: Tübingen (Cotta) 1803. Der Text folgt dem Abdruck in Schellings »Sämtlichen Werken«, hg. von K.F.A. Schelling, Stuttgart (Cotta) 1856-1861 (= O[riginalausgabe]). Dort wurde der Text durch Zusätze und Bemerkungen aus Schellings Handexemplar erweitert, die der Herausgeber teils in eckigen Klammern in den Text einfügte, teils in den Fußnoten mitteilte.

Neuausgabe mit einer Biographie des Autors
Herausgegeben von Karl-Maria Guth
Berlin 2016

Der Text dieser Ausgabe folgt:
Friedrich Wilhelm Joseph von Schelling: Werke. Auswahl in drei Bänden. Herausgegeben und eingeleitet von Otto Weiß, Leipzig: Fritz Eckardt, 1907.

Die Paginierung obiger Ausgabe wird hier als Marginalie zeilengenau mitgeführt.

Umschlaggestaltung von Thomas Schultz-Overhage unter Verwendung des Bildes: Joseph Karl Stieler, Friedrich Wilhelm Joseph Schelling, 1835

Gesetzt aus der Minion Pro, 11 pt

Verlag: Henricus - Edition Deutsche Klassik GmbH
Mörchinger Str. 33, 14169 Berlin, info@henricus-verlag.de
Druck: Libri Plureos GmbH, Friedensallee 273, 22763 Hamburg

Die Ausgaben der Sammlung Hofenberg basieren auf zuverlässigen Textgrundlagen. Die Seitenkonkordanz zu anerkannten Studienausgaben machen Hofenbergtexte auch in wissenschaftlichem Zusammenhang zitierfähig.

ISBN 978-3-8619-9665-1

Bibliografische Information der Deutschen Nationalbibliothek

Die Deutsche Nationalbibliothek verzeichnet diese Publikation in der Deutschen Nationalbibliografie; detaillierte bibliografische Daten sind im Internet über www.dnb.de abrufbar.

Inhalt

Vorwort

Diese Vorlesungen sind im Sommer 1802 auf der Universität zu Jena gehalten. Ihre Wirkung auf eine beträchtliche Anzahl von Zuhörern, die Hoffnung, daß manche Ideen derselben, außer andern Folgen, auch für die nächsten oder doch zukünftigen Bestimmungen der Akademien von einigem Gewicht sein könnten, der Gedanke, daß, wenn sie ihrem Zwecke nach keine neuen Enthüllungen über die Prinzipien erwarten lassen, doch die dem allgemeinfaßlichen Vortrag genähertere Darstellung der letzteren, so wie die aus ihnen hervorgehende Ansicht des Ganzen der Wissenschaften, nicht ohne allgemeineres Interesse sein würde, schienen dem Verfasser hinreichende Bestimmungsgründe zur öffentlichen Bekanntmachung derselben. 539

1. Über den absoluten Begriff der Wissenschaft

Die besondern Gründe kurz anzugeben, die mich bestimmen diese Vorlesungen zu halten, möchte nicht überflüssig sein; überflüssiger wäre es ohne Zweifel, sich bei dem allgemeinen Beweis lange zu verweilen, daß Vorlesungen über die Methode des akademischen Studiums für den studierenden Jüngling nicht allein nützlich, sondern notwendig, für die Belebung und die bessere Richtung der Wissenschaft selbst ersprießlich sind.

Der Jüngling, wenn er mit dem Beginn der akademischen Laufbahn zuerst in die Welt der Wissenschaften eintritt, kann, je mehr er selbst Sinn und Trieb für das Ganze hat, desto weniger einen andern Eindruck davon erhalten, als den eines Chaos, in dem er noch nichts unterscheidet, oder eines weiten Ozeans, auf den er sich ohne Kompaß und Leitstern versetzt sieht. Die Ausnahmen der wenigen, welchen frühzeitig ein sicheres Licht den Weg bezeichnet, der sie zu ihrem Ziele führt, können hier nicht in Betracht kommen. Die gewöhnliche Folge jenes Zustandes ist: bei besser organisierten Köpfen, daß sie sich regel- und ordnungslos allen möglichen Studien hingeben, nach allen Richtungen schweifen, ohne in irgend einer bis zu dem Kern vorzudringen, welcher der Ansatz einer allseitigen und unendlichen Bildung ist, oder ihren fruchtlosen Versuchen im besten Fall etwas anderes als am Ende der akademischen Laufbahn die Einsicht zu verdanken, wie vieles sie umsonst getan und wie vieles Wesentliche vernachlässigt; bei andern, die von minder gutem Stoffe gebildet sind, daß sie gleich anfangs die Resignation üben, alsbald sich der Gemeinheit ergeben und höchstens durch mechanischen Fleiß und mechanisches Auffassen mit dem Gedächtnisse so viel von ihrem besondern Fach sich anzueignen suchen, als sie glauben, daß zu ihrer künftigen äußeren Existenz notwendig sei.

Die Verlegenheit, in der sich der Bessere in Ansehung der Wahl sowohl der Gegenstände als der Art seines Studierens befindet, macht, daß er sein Vertrauen nicht selten Unwürdigen zuwendet, die ihn mit der Niedrigkeit ihrer eignen Vorstellungen von den Wissenschaften oder ihrem Haß dagegen erfüllen.

Es ist also notwendig, daß auf Universitäten öffentlicher allgemeiner Unterricht über den Zweck, die Art, das Ganze und die besondern Gegenstände des akademischen Studiums erteilt werde.

Eine andere Rücksicht kommt noch in Betracht. Auch in der Wissenschaft und Kunst hat das Besondere nur Wert, sofern es das Allgemeine und Absolute in sich empfängt. Es geschieht aber, wie die meisten Beispiele zeigen, nur zu häufig, daß über der bestimmten Beschäftigung die allgemeine der universellen Ausbildung, über dem Bestreben, ein vorzüglicher Rechtsgelehrter oder Arzt zu werden, die weit höhere Bestimmung des Gelehrten überhaupt, des durch Wissenschaft veredelten Geistes vergessen wird. Man könnte erinnern, daß gegen diese Einseitigkeit der Bildung das Studium der allgemeineren Wissenschaften ein zureichendes Gegenmittel sei. Ich bin nicht gesonnen, dies im Allgemeinen zu leugnen, und behaupte es vielmehr selbst. Die Geometrie und Mathematik läutert den Geist zur rein vernunftmäßigen Erkenntnis, die des Stoffes nicht bedarf. Die Philosophie, welche den ganzen Menschen ergreift und alle Seiten seiner Natur berührt, ist noch mehr geeignet, den Geist von den Beschränktheiten einer einseitigen Bildung zu befreien und in das Reich des Allgemeinen und Absoluten zu erheben. Allein entweder existiert zwischen der allgemeineren Wissenschaft und dem besondern Zweig der Erkenntnis, dem der Einzelne sich widmet, überhaupt keine Beziehung, oder die Wissenschaft in ihrer Allgemeinheit kann sich wenigstens nicht so weit herunterlassen, diese Beziehungen aufzuzeigen, so daß der, welcher sie nicht selbst zu erkennen imstande ist, sich in Ansehung der besondern Wissenschaften doch von der Leitung der absoluten verlassen sieht, und lieber absichtlich sich von dem lebendigen Ganzen isolieren, als durch ein vergebliches Streben nach der Einheit mit demselben seine Kräfte nutzlos verschwenden will.

Der besondern Bildung zu einem einzelnen Fach muß also die Erkenntnis des organischen Ganzen der Wissenschaften vorangehen. Derjenige, welcher sich einer bestimmten ergibt, muß die Stelle, die sie in diesem Ganzen einnimmt, und den besondern Geist, der sie beseelt, so wie die Art der Ausbildung kennen lernen, wodurch sie dem harmonischen Bau des Ganzen sich anschließt, die Art also auch, wie er selbst diese Wissenschaft zu nehmen hat, um sie nicht als ein Sklave, sondern als ein Freier und im Geiste des Ganzen zu denken.

Sie erkennen aus dem eben Gesagten schon, daß eine Methodenlehre des akademischen Studiums nur aus der wirklichen und wahren Erkenntnis des lebendigen Zusammenhangs aller Wissenschaften hervorgehen könne, daß ohne diese jede Anweisung tot, geistlos, einseitig, selbst beschränkt sein müsse. Vielleicht aber war diese Forderung nie dringender als zu der gegenwärtigen Zeit, wo sich alles in Wissenschaft und Kunst gewaltiger zur Einheit hinzudrängen scheint, auch das scheinbar Entlegenste in ihrem Gebiet sich berührt, jede Erschütterung, die im Zentrum oder der Nähe desselben geschieht, schneller und gleichsam unmittelbarer auch in die Teile sich fortleitet, und ein neues Organ der Anschauung allgemeiner und fast für alle Gegenstände sich bildet. Nie kann eine solche Zeit vorbeigehen ohne die Geburt einer neuen Welt, welche diejenigen, die nicht tätigen Teil an ihr haben, unfehlbar in die Nichtigkeit begräbt. Vorzüglich nur den frischen und unverdorbenen Kräften der jugendlichen Welt kann die Bewahrung und Ausbildung einer edlen Sache vertraut werden. Keiner ist von der Mitwirkung ausgeschlossen, da in jeden Teil, den er sich nimmt, ein Moment des allgemeinen Wiedergebärungsprozesses fällt. Um mit Erfolg einzugreifen, muß er, selbst vom Geist des Ganzen ergriffen, seine Wissenschaft als organisches Glied begreifen und ihre Bestimmung in der sich bildenden Welt zum voraus erkennen. Hierzu muß er entweder durch sich selbst oder durch andere zu einer Zeit gelangen, wo er nicht selbst schon in obsoleten Formen verhärtet, noch nicht durch lange Einwirkung fremder oder Ausübung eigner Geistlosigkeit der höhere Funken in ihm erstickt ist, in der früheren Jugend also und nach unsern Einrichtungen im Anfang des akademischen Studiums.

543

Von wem soll er diese Erkenntnis erlangen, und wem soll er sich in dieser Rücksicht vertrauen? Am meisten sich selbst und dem bessern Genius, der sicher leitet[1]; dann denjenigen, von denen sich am bestimmtesten einsehen läßt, daß sie durch ihre besondere Wissenschaft schon verbunden waren, sich die höchsten und allgemeinsten Ansichten von dem Ganzen der Wissenschaften zu erwerben. Derjenige, welcher selbst

1 Jeder Mensch hat einen inneren Freund, seine Eingebungen sind am reinsten in der Jugend; nur Frivolität verscheucht ihn, sowie Hinneigung zu gemeinen Zwecken ihn endlich ganz verstummen macht. (Von hier an wieder Zusätze, teils im Text mit [], teils in Noten, aus einem Handexemplar des Verfassers, wie früher. A. d. O.)

nicht die allgemeine Idee der Wissenschaft hat, ist ohne Zweifel am wenigsten fähig, sie in andern zu erwecken; der einer untergeordneten und beschränkten Wissenschaft seinen übrigens rühmlichen Fleiß widmet, nicht geeignet, sich zur Anschauung eines organischen Ganzen der Wissenschaft zu erheben. Diese Anschauung ist überhaupt und im Allgemeinen nur von der Wissenschaft aller Wissenschaften, der Philosophie, im Besondern also nur von dem Philosophen zu erwarten, dessen besondere Wissenschaft zugleich die absolut allgemeine, dessen Streben also an sich schon auf die Totalität der Erkenntnis gerichtet sein muß.

Diese Betrachtungen sind es, meine Herren, die mich bestimmt haben, diese Vorlesungen zu eröffnen, deren Absicht Sie aus dem Vorhergehenden ohne Mühe erkennen. Inwieweit ich imstande sein werde, meiner eignen Idee eines solchen Vertrags und demnach meinen Absichten ein Genüge zu tun, diese Frage vorläufig zu beantworten, überlasse ich ruhig dem Zutrauen, welches *Sie* mir jederzeit geschenkt haben, und dessen mich wert zu zeigen, ich auch bei dieser Gelegenheit streben werde.

Lassen *Sie* mich alles, was doch bloß Einleitung, Vorbereitung sein könnte, abkürzen und gleich unmittelbar zu dem Einen gelangen, wovon unsere ganze folgende Untersuchung abhängig sein wird, und ohne das wir keinen Schritt zur Auflösung unserer Aufgabe tun können. Es ist die Idee des an sich selbst unbedingten Wissens, welches schlechthin nur Eines und in dem auch alles Wissen nur Eines ist, desjenigen Urwissens, welches, nur auf verschiedenen Stufen der erscheinenden idealen Welt sich in Zweige zerspaltend, in den ganzen unermeßlichen Baum der Erkenntnis sich ausbreitet. Als das Wissen alles Wissens muß es dasjenige sein, was die Forderung oder Voraussetzung, die in jeder Art desselben gemacht wird, aufs vollkommenste und nicht nur *für* den besondern Fall, sondern schlechthin allgemein erfüllt und enthält. Man mag nun diese Voraussetzung als Übereinstimmung mit dem Gegenstande, als reine Auflösung des Besondern ins Allgemeine oder wie immer ausdrücken, so ist diese weder überhaupt noch in irgend einem Falle ohne die höhere Voraussetzung denkbar, daß das wahre *Ideale* allein und ohne weitere Vermittlung auch das wahre *Reale* und außer jenem kein anderes sei. Wir können diese wesentliche Einheit selbst in der Philosophie nicht eigentlich beweisen, da sie vielmehr der Eingang zu aller Wissenschaftlichkeit ist; es läßt sich nur eben dies beweisen, daß ohne sie überhaupt keine Wissenschaft sei, und es läßt sich nachweisen, daß in allem, was nur Anspruch macht Wissenschaft zu sein, eigentlich diese Identität oder dieses gänzliche Aufgehen des Realen im Idealen [und umgekehrt die Möglichkeit der gänzlichen Umsetzung des Idealen ins Reale] beabsichtigt werde.

Bewußtlos liegt diese Voraussetzung allem dem, was die verschiedenen Wissenschaften von allgemeinen Gesetzen der Dinge oder der Natur überhaupt rühmen, so wie ihrem Bestreben nach Erkenntnis derselben zugrunde. Sie wollen, daß das Konkrete und das in besondern Erscheinungen Undurchdringliche sich für sie in die reine Evidenz und die Durchsichtigkeit einer allgemeinen Vernunfterkenntnis auflöse. Man läßt diese Voraussetzung in den beschränkteren Sphären des Wissens und für den einzelnen Fall gelten, wenn man sie auch allgemein und absolut, wie sie von der Philosophie ausgesprochen wird, weder verstehen noch eben deswegen zugeben sollte.

Mehr oder weniger mit Bewußtsein gründet der Geometer seine Wissenschaft auf die absolute Realität des schlechthin Idealen, der, wenn er beweist, daß in jedem möglichen Dreieck alle drei Winkel zusammen zweien rechten gleich sind, dieses sein Wissen nicht durch Vergleichung mit konkreten oder wirklichen Triangeln, auch nicht unmittelbar von ihnen, sondern von dem Urbild beweist: er weiß dies unmittelbar aus dem Wissen selbst, welches schlechthin-ideal, und aus diesem Grunde auch schlechthin-real ist. Aber wenn man auch die Frage nach der Möglichkeit des Wissens auf die des bloß endlichen Wissens einschränken wollte, so wäre selbst die Art empirischer Wahrheit, welche dieses hat, nimmer durch irgend ein Verhältnis zu etwas, das man Gegenstand nennt – denn wie könnte man zu diesem anders als immer nur durch das Wissen hindurchkommen? – es wäre also überhaupt nicht begreiflich, wenn nicht jenes an sich Ideale, das in dem zeitlichen Wissen nur der Endlichkeit eingebildet erscheint, die Realität und die Substanz der Dinge selbst wäre.

Aber eben diese erste Voraussetzung aller Wissenschaften, jene wesentliche Einheit des unbedingt Idealen und des unbedingt Realen ist nur dadurch möglich, daß *dasselbe*, welches das eine ist, auch das andere ist. Dieses aber ist die Idee des Absoluten, welche die ist: daß die *Idee* in Ansehung seiner auch das *Sein* ist. So daß das *Absolute* auch jene oberste Voraussetzung des Wissens und das erste Wissen selbst ist.

Durch dieses erste Wissen ist alles andere Wissen im Absoluten und selbst absolut. Denn obwohl das Urwissen in seiner vollkommenen Absolutheit ursprünglich nur in jenem, als dem absolut-Idealen, wohnt, ist es doch uns selbst als das Wesen aller Dinge und der ewige Begriff von uns selbst eingebildet, und unser Wissen in seiner Totalität ist bestimmt, ein Abbild jenes ewigen Wissens zu sein. Es versteht sich, daß ich nicht von den einzelnen Wissenschaften rede, welche und inwiefern sie sich von dieser Totalität abgesondert und von ihrem wahren Urbild entfernt haben. Allerdings kann nur das Wissen in seiner Allheit der vollkommene Reflex jenes vorbildlichen Wissens sein, aber alles einzelne Wissen und jede besondere Wissenschaft ist in diesem Ganzen als organischer Teil begriffen; und alles Wissen daher, das nicht mittelbar oder unmittelbar, und sei es durch noch so viele Mittelglieder hindurch, sich auf das Urwissen bezieht, ist ohne Realität und Bedeutung.

Von der Fähigkeit, alles, auch das einzelne Wissen, in den Zusammenhang mit dem Ursprünglichen und Einen zu erblicken, hängt es ab, ob man in der einzelnen Wissenschaft mit Geist und mit derjenigen höhern Eingebung arbeite, die man wissenschaftliches Genie nennt. Jeder Gedanke, der nicht in diesem Geiste der Ein- und Allheit gedacht ist, ist in sich selbst leer und verwerflich; was nicht harmonisch einzugreifen fähig ist in dieses treibende und lebende Ganze, ist ein toter Absatz, der nach organischen Gesetzen früher oder später ausgestoßen wird, und freilich gibt es auch im Reiche der Wissenschaft geschlechtslose Bienen genug, die, weil ihnen zu produzieren versagt ist, durch anorgische Absätze nach außen ihre eigne Geistlosigkeit in Abdrücken vervielfältigen.

Indem ich jene Idee von der Bestimmung alles Wissens ausgesprochen habe, habe ich von der Würde der Wissenschaft an sich selbst nichts mehr hinzuzufügen: keine Norm der Ausbildung oder der Aufnahme der Wissenschaft in sich selbst, die ich in dem Folgenden aufstellen kann, wird aus einem andern Grunde als dieser Einen Idee fließen.

Von Pythagoras erzählen die Geschichtschreiber der Philosophie, daß er den bis auf seine Zeit gangbaren Namen der Wissenschaft, *sophia* zuerst in den der *philosophia* der Liebe zur Weisheit, verwandelt habe, aus dem Grunde, weil außer Gott niemand weise sei. Wie es sich mit der historischen Wahrheit dieses Berichts verhalte, so ist doch in jener Umänderung selbst wie in dem angegebenen Grund anerkannt, daß alles Wissen ein Streben nach Gemeinschaft mit dem göttlichen Wesen, eine Teilnahme an demjenigen Urwissen sei, dessen Bild das sichtbare Universum und dessen Geburtsstätte das Haupt der ewigen Macht ist. Nach derselbigen Ansicht, da alles Wissen nur Eines ist, und jede Art desselben nur als Glied eintritt in den Organismus des Ganzen, sind alle Wissenschaften und Arten des Wissens Teile der Einen Philosophie, nämlich des Strebens, an dem Urwissen teilzunehmen.

Alles nun, was unmittelbar aus dem Absoluten als seiner Wurzel stammt, ist selbst absolut, demnach ohne Zweck außer sich, selbst Zweck. Das Wissen, in seiner Allheit, ist aber die eine, gleich absolute Erscheinung des Einen Universum, von dem das Sein oder die Natur die andere ist. Im Gebiet des Realen herrscht die Endlichkeit, im Gebiet des Idealen die Unendlichkeit; jenes ist durch Notwendigkeit das, was es ist, dieses soll es durch. Freiheit sein. Der Mensch, das Vernunftwesen überhaupt, ist hingestellt, eine Ergänzung der Welterscheinung zu sein: aus ihm, aus seiner Tätigkeit soll sich entwickeln, was zur Totalität der Offenbarung Gottes fehlt, da die Natur zwar das ganze göttliche Wesen, aber nur im Realen, empfängt; das Vernunftwesen soll das Bild derselben göttlichen Natur, wie sie an sich selbst ist, demnach im Idealen ausdrücken.

Wir haben gegen die Unbedingtheit der Wissenschaft einen sehr gangbaren Einwurf zu erwarten, dem wir einen höhern Ausdruck leihen wollen, als er gewöhnlich annimmt, nämlich: daß von jener in der Unendlichkeit zu entwerfenden Darstellung des. Absoluten das Wissen selbst nur ein Teil, in ihr wieder nur als Mittel begriffen sei, zu dem sich das Handeln als Zweck verhalte.

Handeln, Handeln! ist der Ruf, der zwar von vielen Seiten ertönt, am lautesten aber von denjenigen angestimmt wird, bei denen es mit dem Wissen nicht fort will.

Es hat viel Empfehlendes für sich, zum Handeln aufzufordern.
Handeln, denkt man, kann jeder, denn dies hängt nur vom freien.

Willen ab. Wissen aber, besonders philosophisches, ist nicht jedermanns Ding, und, ohne andere Bedingungen, auch mit dem besten Willen nichts darin auszurichten.

Wir stellen die Frage über den vorliegenden Einwurf gleich so: Was mag das für ein Handeln sein, zu dem sich das Wissen als Mittel, und das für ein Wissen, welches sich zum Handeln als dem Zweck verhält?

Welcher Grund überhaupt nur der Möglichkeit einer solchen Entgegensetzung läßt sich aufzeigen?

Wenn die Sätze, die ich hier in Anregung bringen muß, nur in der Philosophie ihr vollkommenes Licht von allen Seiten erhalten können, so verhindert dies nicht, daß sie wenigstens für die gegenwärtige Anwendung verständlich seien. Wer nur überhaupt die Idee des Absoluten gefaßt hat, sieht auch ein, daß in ihm nur Ein Grund möglicher Entgegensetzung gedacht werden kann, und daß also, wenn überhaupt aus ihm Gegensätze begriffen werden können, alle aus jenem Einen fließen müssen. Die Natur des Absoluten ist: als das absolut Ideale auch das Reale zu sein. In dieser Bestimmung liegen die zwei Möglichkeiten, daß es als Ideales seine Wesenheit in die Form, als das Reale, bildet, und daß es, weil diese in ihm nur eine absolute sein kann, auf ewig gleiche Weise auch die Form wieder in das Wesen auflöst, so daß es Wesen und Form in vollkommener Durchdringung ist. In diesen zwei Möglichkeiten besteht die Eine Handlung des Urwissens; da es aber schlechthin unteilbar, also ganz und durchaus Realität und Idealität ist, so muß von dieser untrennbaren Duplizität auch in jedem Akt des absoluten Wissens ein Ausdruck und in dem, was im Ganzen als das Reale, wie in dem, was als das Ideale erscheint, beides in Eins gebildet sein. Wie also in der Natur als Bild der göttlichen Verwandlung der Idealität in die Realität auch wieder die Umwandlung der letzten in die erste durch das Licht und vollendet durch die Vernunft erscheint, so muß dagegen in dem, was im Ganzen als das Ideale begriffen wird, gleichfalls wieder eine reale und ideale Seite angetroffen werden, wovon jene die Idealität in der Realität, aber als ideal, diese die entgegengesetzte Art der Einheit erkennen läßt. Die erste Erscheinungsart ist das Wissen, inwiefern in diesem die Subjektivität in der Objektivität erscheint, die andere ist das Handeln, inwiefern in diesem vielmehr eine Aufnahme der Besonderheit in die Allgemeinheit gedacht wird[2].

Es ist hinreichend, diese Verhältnisse auch nur in der höchsten Abstraktion zu fassen, um einzusehen, daß die Entgegensetzung, in

2   Vgl. die Abhandlung über das Verhältnis der Naturphilosophie zur Philosophie überhaupt, I. V, 122. A. d. O.

welcher die beiden Einheiten innerhalb der gleichen Identität des Urwissens, als Wissen und Handeln erscheinen, nur für die bloß endliche Auffassung stattfindet; denn es ist von sich selbst klar, daß, wenn in dem Wissen das Unendliche sich dem Endlichen auf ideale Art, im Handeln auf gleiche Weise die Endlichkeit sich der Unendlichkeit einbildet, jede von beiden in der Idee oder dem An-sich die gleiche absolute Einheit des Urwissens ausdrücke.

Das zeitliche Wissen ebenso wie das zeitliche Handeln setzt nur auf bedingte Weise und sukzessiv, was in der Idee auf unbedingte Weise und zumal ist, deshalb erscheinen in jenem Wissen und Handeln ebenso notwendig getrennt, als sie in dieser, wegen der gleichen Absolutheit, Eines sind, wie in Gott als der Idee aller Ideen die absolute Weisheit unmittelbar dadurch, daß sie absolut ist, auch unbedingte Macht, ohne Vorausgehen der Idee als Absicht, wodurch das Handeln bestimmt wäre, demnach zugleich absolute Notwendigkeit ist.

Es verhält sich mit diesen, wie mit allen andern Gegensätzen, daß sie nur sind, solange jedes Glied nicht für sich absolut, demnach bloß mit dem endlichen Verstand aufgefaßt wird. Der Grund der gemachten Entgegensetzung liegt demnach allein in einem gleich unvollkommenen Begriff vom Wissen und vom Handeln, welches dadurch erhoben werden soll, daß man das Wissen als Mittel zu ihm begreift. Zu dem wahrhaft absoluten Handeln kann das Wissen kein solches Verhältnis haben; denn dieses kann, eben weil es absolut ist, nicht durch ein Wissen bestimmt sein. Dieselbe Einheit, die im Wissen, bildet sich auch im Handeln zu einer absoluten in sich gegründeten Welt aus. Vom erscheinenden Handeln ist hier so wenig die Rede als vom erscheinenden Wissen: eines steht und fällt mit dem andern, denn jedes hat allerdings nur im Gegensatz gegen das andere Realität[3].

Diejenigen, welche das Wissen zum Mittel, das Handeln zum Zweck machen, haben von jenem keinen Begriff, als den sie aus dem täglichen Tun und Treiben genommen haben, so wie dann auch das Wissen danach sein muß, um das Mittel zu diesem zu werden. Die Philosophie soll sie lehren, im Leben ihre Pflicht zu tun; dazu bedürfen sie also der Philosophie: sie tun solche nicht aus freier Notwendigkeit, sondern als Unterworfene eines Begriffs, den ihnen die Wissenschaft an die Hand gibt. Allgemein soll die Wissenschaft dienen, ihnen das Feld zu

550

---

3   Vgl. die eben angeführte Stelle. A. d. O.

bestellen, die Gewerbe zu vervollkommnen oder ihre verdorbenen Säfte zu verbessern. Die Geometrie, meinen sie, ist eine schöne Wissenschaft, nicht zwar, weil sie die reinste Evidenz, der objektivste Ausdruck der Vernunft selbst ist, sondern weil sie das Feld messen und Häuser bauen lehrt, oder die Handelsschiffahrt möglich macht; denn daß sie auch zum Kriegführen dient, mindert ihren Wert, weil der Krieg doch ganz gegen die allgemeine Menschenliebe ist. Die Philosophie ist nicht einmal zu jenem und höchstens zu dem letzten gut, nämlich gegen die seichten Köpfe und die Nützlichkeitsapostel in der Wissenschaft Krieg zu führen, und darum auch im Grunde höchst verwerflich.

Die den Sinn jener absoluten Einheit des Wissens und Handelns nicht fassen, bringen dagegen solche Popularitäten vor, daß, wenn das Wissen mit dem Handeln eins wäre, dieses immer aus jenem folgen müßte, da man doch sehr gut das Rechte wissen könne, ohne es deswegen zu tun, und was dergleichen mehr ist. Sie haben ganz recht, daß das Handeln aus dem Wissen nicht folge, und sie sprechen eben in jener Reflexion aus, daß das Wissen nicht Mittel des Handelns sei. Sie haben nur darin unrecht, eine solche Folge zu erwarten. Sie begreifen keine Verhältnisse zwischen Absoluten; nicht, wie jedes Besondere 551 für sich unbedingt sein kann, und machen das eine im Verhältnis des Zwecks so gut wie das andere im Verhältnis des Mittels zu einem Abhängigen.

Wissen und Handeln können nie anders in wahrer Harmonie sein als durch die gleiche Absolutheit. Wie es kein wahres Wissen gibt, welches nicht mittelbar oder unmittelbar Ausdruck des Urwissens ist, so kein wahres Handeln, welches nicht, und wär' es durch noch so viele Mittelglieder, das Urhandeln und in ihm das göttliche Wesen ausdrückt. Diejenige Freiheit, die man in dem empirischen Handeln sucht oder zu erblicken glaubt, ist ebensowenig wahre Freiheit und ebenso Täuschung, wie die Wahrheit, die im empirischen Wissen. Es gibt keine wahre Freiheit, als durch absolute Notwendigkeit[4] und zwischen jener und dieser ist selbst wieder das Verhältnis, wie zwischen absolutem Wissen und absolutem Handeln[5]. 552

4 Sie hat sich mit der Notwendigkeit zu integrieren.

5 In der Freiheit, d.h. im Handeln selbst, stellt sich daher die Notwendigkeit her, sowie nur dagegen ein wahrhaft absolutes Wissen zugleich ein Wissen mit absoluter Notwendigkeit und mit absoluter Freiheit ist.

2. Über die wissenschaftliche und sittliche

Bestimmung der Akademien

Der Begriff des akademischen Studiums wies uns einerseits zu dem höhern Begriff eines vorhandenen Ganzen von Wissenschaften zurück, welches wir in seiner obersten Idee, dem Urwissen, zu fassen suchten; andererseits führt er uns auf die besonderen Bedingungen, unter welchen die Wissenschaften auf unsern Akademien gelehrt und mitgeteilt werden.

Wohl könnte es des Philosophen würdiger scheinen, von dem Ganzen der Wissenschaften ein unabhängiges Bild zu entwerfen und die Art der ersten Erkenntnis desselben an sich selbst, ohne Beziehung auf die Formen bloß gegenwärtiger Einrichtungen, vorzuschreiben. Allein ich glaube in dem Folgenden beweisen zu können, daß eben auch diese Formen in dem Geist der neueren Welt notwendig waren, und wenigstens äußere Bedingungen der Wechseldurchdringung der verschiedenartigen Elemente ihrer Bildung so lange sein werden, bis durch jene die trübe Mischung der letztern sich zu schöneren Organisationen geläutert haben wird.

Der Grund, warum das Wissen überhaupt seiner Erscheinung nach in die Zeit fällt, ist schon in dem zuvor Abgehandelten enthalten, Wie die sich in der Endlichkeit reflektierende Einheit des Idealen und Realen als beschlossene Totalität, als Natur, im Raum sich ausdrückt, so erscheint dieselbe im Unendlichen angeschaut unter der allgemeinen Form der endlosen Zeit. Aber die Zeit schließt die Ewigkeit nicht aus, und die Wissenschaft, wenn sie ihrer Erscheinung nach eine Geburt der Zeit ist, geht doch auf Gründung einer Ewigkeit mitten in der Zeit. Was wahr ist, ist wie das, was an sich selbst recht und schön ist, seiner Natur nach ewig, und hat mitten in der Zeit kein Verhältnis zu der Zeit. Sache der Zeit ist die Wissenschaft nur, inwiefern sie durch das Individuum sich ausspricht. Das Wissen an sich ist aber so wenig Sache der Individualität als das Handeln an sich. Wie die wahre Handlung diejenige ist, die gleichsam im Namen der ganzen Gattung geschehen könnte, so [ist] das wahre Wissen [nur] dasjenige, worin nicht das

Individuum, sondern die Vernunft weiß[6]. Diese Unabhängigkeit des Wesens der Wissenschaft von der Zeit drückt sich in dem aus, daß sie Sache der Gattung ist, welche selbst ewig ist. Es ist also notwendig, daß, wie das Leben und Dasein, so die Wissenschaft sich von Individuum an Individuum, von Geschlecht zu Geschlecht mitteile. Überlieferung ist der Ausdruck ihres ewigen Lebens. Es wäre hier nicht der Ort, mit allen Gründen, deren diese Behauptung fähig ist, zu beweisen, daß alle Wissenschaft und Kunst des gegenwärtigen Menschengeschlechts eine überlieferte ist. Es ist undenkbar, daß der Mensch, wie er jetzt erscheint, durch sich selbst sich vom Instinkt zum Bewußtsein, von der Tierheit zur Vernünftigkeit erhoben habe. Es mußte also dem gegenwärtigen Menschengeschlecht ein anderes vorgegangen sein, welches die alte Sage unter dem Bilde der Götter und ersten Wohltäter des menschlichen Geschlechts verewigt hat. Die Hypothese eines Urvolks erklärt bloß etwa die Spuren einer hohen Kultur in der Vorwelt, von der wir die schon entstellten Reste nach der ersten Trennung der Völker finden, und etwa die Übereinstimmung in den Sagen der ältesten Völker, wenn man nichts auf die Einheit des allem eingebornen Erdgeistes rechnen will, aber sie erklärt keinen *ersten* Anfang und schiebt, wie jede empirische Hypothese, die Erklärung nur weiter zurück.

Wie dem auch sei, so ist bekannt, daß das erste Überlieferungsmittel der höheren Ideen Handlungen, Lebensweise, Gebräuche, Symbole gewesen sind, wie selbst die Dogmen der frühesten Religionen nur in Anweisungen zu religiösen Gebräuchen enthalten waren. Die Staatenbildungen, die Gesetze, die einzelnen Anstalten, die errichtet waren, das Übergewicht des göttlichen Prinzips in der Menschheit zu erhalten [seinen Kampf gegen das ungöttliche zu unterstützen], waren ihrer Natur nach ebenso viele Ausdrücke spekulativer Ideen. Die Erfindung der Schrift gab der Überlieferung zunächst nur eine größere Sicherheit [verminderte die Gefahr, den Sinn der Symbole zu vergessen]; der Gedanke, in dem geistigen Stoff der Rede auch einen Ausdruck der Form und Kunst niederzulegen, der einen dauernden Wert hätte, konnte erst später erwachen. Wie in der schönsten Blüte der Menschheit selbst die Sittlichkeit nicht gleichsam dem Individuum eignete, sondern Geist des Ganzen war, aus dem sie aus- und in das sie zurück-

---

6 Vgl. die Abhandlung über die Konstruktion in der Philosophie, I, V, 140. A. d. O.

floß, so lebte auch die Wissenschaft in dem Licht und Äther des öffentlichen Lebens und einer allgemeinen Organisation. Wie überhaupt die spätere Zeit das Reale zurückdrängte und das Leben innerlicher machte, so auch das der Wissenschaft. Die neuere Welt ist in allem und besonders in der Wissenschaft eine geteilte Welt, die in der Vergangenheit und Gegenwart zugleich lebt. In dem Charakter aller Wissenschaften drückt es sich aus, daß die spätere Zeit von dem historischen Wissen ausgehen mußte, daß sie eine untergegangene Welt der herrlichsten und größten Erscheinungen der Kunst und Wissenschaft hinter sich hatte, mit der sie, durch eine unübersteigliche Kluft [eine Masse von Barbarei] von ihr getrennt, nicht durch das innere Band einer organisch-fortgehenden Bildung, sondern einzig durch das äußere Band der historischen Überlieferung zusammenhing. Der auflebende Trieb konnte sich im ersten Wiederbeginn der Wissenschaften in unserm Weltteil nicht ruhig oder ausschließlich auf das eigne Produzieren, sondern nur unmittelbar zugleich auf das Verstehen, Bewundern und Erklären der vergangenen Herrlichkeiten richten. Zu den ursprünglichen Gegenständen des Wissens trat das vergangene Wissen darüber als ein neuer Gegenstand hinzu; daher und weil zur tiefen Ergründung des Vorhandenen selbst gegenwärtiger Geist erfordert wird, wurden Gelehrter, Künstler und Philosoph gleichbedeutende Begriffe, und das erste Prädikat auch demjenigen zuerkannt, der das Vorhandene mit keinem eignen Gedanken vermehrt hatte; und wenn die Griechen, wie ein ägyptischer Priester zu Solon sagte, ewig jung waren, so war die moderne Welt dagegen in ihrer Jugend schon alt und erfahren.

Das Studium der Wissenschaften wie der Künste in ihrer historischen Entwicklung ist zu einer Art der Religion geworden: in ihrer Geschichte erkennt der Philosoph noch unenthüllter gleichsam die Absichten des Weltgeistes; die tiefste Wissenschaft, das gründlichste Genie hat sich in diese Kenntnis ergossen.

[Den Bewegungen der äußeren Welt entsprechen nach einem notwendigen Gesetz die stilleren, aber deswegen nicht minder tiefgreifenden Metamorphosen, die in dem Geiste des Menschen selbst vorgehen. Zu glauben, daß die geistigen Veränderungen, die Revolutionen der Wissenschaften, die Ideen, die sie erzeugt, die Werke selbst, in denen sich ein bestimmter wissenschaftlicher oder Kunst-Geist ausgesprochen hat, ohne Notwendigkeit seien, und nicht nach einem Gesetz, sondern durch Zufall entstehen, ist die höchste Barbarei. Ewig heilig ist und sei uns das Altertum; es ist Pietät, zu den Resten des Altertums und der gesamten Vorwelt zu wallfahrten, wie es Religion ist, wenn die fromme Einfalt die geglaubten Reliquien eines Heiligen sucht. Emsig, sagt Goethe[7],

> Emsig wallet der Pilger, und wird er den Heiligen finden,
> Hören und sehen den Mann, welcher die Wunder getan?
> Nein, es führte die Zeit ihn hinweg; du findest nur Reste,
> Seinen Schädel, ein paar seiner Gebeine verwahrt,
> Wir sind alle Pilger, die wir das Altertum suchen,
> Nur ein zerstreutes Gebein ehren wir gläubig und froh.

Aber] ein anderes ist, das Vergangene selbst zum Gegenstand der Wissenschaft zu machen, ein anderes, die Kenntnis davon an die Stelle des Wissens selbst zu setzen. Durch das historische Wissen in diesem Sinn wird der Zugang zu dem Urbild verschlossen; es fragt sich dann nicht mehr, ob irgend etwas mit dem An-sich des Wissens, sondern ob es mit irgend etwas Abgeleitetem, welches von jenem ein bloß unvollkommenes Abbild ist, übereinstimme. Aristoteles hatte in seinen Schriften die Naturlehre und Naturgeschichte betreffend die Natur selbst gefragt; in den spätem Zeiten hatte sich das Andenken davon so völlig verloren, daß er selbst an die Stelle des Urbilds trat und gegen die deutlichen Aussprüche der Natur durch Cartesius, Kepler u. a. seine Auktorität zum Zeugen aufgerufen wurde. Nach derselben Art historischer Bildung hat für einen großen Teil der sogenannten Gelehrten bis auf diesen Tag keine Idee Bedeutung und Realität, ehe sie durch andere Köpfe gegangen, historisch und eine Vergangenheit geworden ist.

Mehr oder weniger in diesem Geist des historischen Wissens sind, nicht so sehr vielleicht im ersten Beginn der wiedererwachenden Literatur, als in viel spätern Zeiten, unsere Akademien errichtet worden. Ihre ganze wissenschaftliche Organisation möchte sich nur vollständig aus diesem Abtrennen des Wissens von seinem Urbild durch historische Gelehrsamkeit ableiten lassen. Vorerst ist die große Masse dessen, was gelernt werden muß, nur um im Besitz des Vorhandenen zu sein, die Ursache gewesen, daß man das Wissen so weit wie möglich in verschie-

---

7   Goethe's Venetian. Epigramme, No. 21.

dene Zweige zerspaltet und den lebendigen organischen Bau des Ganzen bis ins kleinste zerfasert hat. Da alle isolierten Teile des Wissens, alle besonderen Wissenschaften also, sofern der universelle Geist aus ihnen gewichen ist, überhaupt nur Mittel zum absoluten Wissen sein können, so war die notwendige Folge jenes Zerstückelns, daß über den Mitteln und Anstalten zum Wissen das *Wissen selbst* so gut wie verloren gegangen ist, und während eine geschäftige Menge die Mittel für den Zweck selbst hielt und als Zweck geltend zu machen suchte, jenes, welches nur Eines und in seiner Einheit absolut ist, sich ganz in die obersten Teile zurückzog und auch in diesen zu jeder Zeit nur seltene Erscheinungen eines unbeschränkten Lebens gegeben hat.

Wir haben in dieser Rücksicht vorzüglich die Frage zu beantworten: welche Forderungen selbst innerhalb der angenommenen Beschränkung und in den gegenwärtigen Formen unserer Akademien an diese gemacht werden können, damit aus dieser durchgängigen Trennung im Einzelnen gleichwohl wieder eine Einheit im Ganzen entspringe. Ich werde diese Frage nicht beantworten können, ohne zugleich von den notwendigen Forderungen an diejenigen, welche eine Akademie permanent konstituieren, an die Lehrer also, zu reden. Ich werde mich nicht scheuen, hierüber vor *Ihnen* mit aller Freimütigkeit zu sprechen. Der Eintritt in das akademische Leben ist in Ansehung des studierenden Jünglings zugleich [der erste Eintritt in die Mündigkeit], die erste Befreiung vom blinden Glauben, er soll hier zuerst lernen und sich üben selbst zu urteilen. Kein Lehrer, der seines Berufs würdig ist, wird eine andere Achtung verlangen, als die er sich durch Geistesübergewicht, durch wissenschaftliche Bildung und seinen Eifer, diese allgemeiner zu verbreiten, erwerben kann. Nur der Unwissende, der Unfähige wird diese Achtung auf andere Stützen zu gründen suchen. Was mich noch mehr bestimmen muß, in dieser Sache ohne Rückhalt zu reden, ist folgende Betrachtung. Von den Ansprüchen, welche die Studierenden selbst an eine Akademie und die Lehrer derselben machen, hängt zum Teil die Erfüllung derselben ab, und der einmal unter ihnen geweckte wissenschaftliche Geist wirkt vorteilhaft auf das Ganze zurück, indem er den Untüchtigen durch die höheren Forderungen, die an ihn gemacht werden, zurückschreckt, den, welcher sie zu erfüllen fähig ist, zur Ergreifung dieses Wirkungskreises bestimmt.

Gegen die aus der Idee der Sache selbst fließende Forderung der Behandlung aller Wissenschaften im Geist des Allgemeinen und eines absoluten Wissens kann es kein Einwurf sein, zu fragen: woher die Lehrer sämtlich zu nehmen wären, die dieses zu leisten vermöchten. Die Akademien sind es ja eben, auf welchen jene ihre erste Bildung erhalten: man gebe diesen nur die geistige Freiheit und beschränke sie nicht durch Rücksichten, die auf das wissenschaftliche Verhältnis keine Anwendung haben, so werden sich die Lehrer von selbst bilden, die jenen Forderungen Genüge tun können und wiederum imstande sind, 558 andere zu bilden.

Man könnte fragen, ob es überhaupt zieme, gleichsam im Namen der Wissenschaft Forderungen an Akademien zu machen, da es hinlänglich bekannt und angenommen sei, daß sie Instrumente des Staats sind, die das sein müssen, wozu dieser sie bestimmt Wenn es nun seine Absicht wäre, daß in Ansehung der Wissenschaft durchgehends eine gewisse Mäßigkeit, Zurückhaltung, Einschränkung auf das Gewöhnliche oder Nützliche beobachtet würde, wie sollte dann von den Lehrern progressive Tendenz und Lust zur Ausbildung ihrer Wissenschaft nach Ideen erwartet werden können?

Es versteht sich wohl von selbst, daß wir gemeinschaftlich voraussetzen und voraussetzen müssen: der Staat wolle in den Akademien wirklich wissenschaftliche Anstalten sehen, und daß alles, was wir in Ansehung ihrer behaupten, nur unter dieser Bedingung gilt. Der Staat wäre unstreitig befugt, die Akademien ganz aufzuheben oder in Industrie- und andere Schulen von ähnlichen Zwecken umzuwandeln; aber er kann nicht das Erste beabsichtigen, ohne zugleich auch das Leben der Ideen und die freieste wissenschaftliche Bewegung zu wollen, durch deren Versagung aus kleinlichen, meistens nur die Ruhe der Unfähigen in Schutz nehmenden Rücksichten das Genie zurückgestoßen, das Talent gelähmt wird. – [Die gewöhnliche Ansicht von Universitäten ist: »sie sollen dem Staat seine Diener bilden zu vollkommenen Werkzeugen seiner Absichten«. Diese Werkzeuge sollen doch aber ohne Zweifel durch *Wissenschaft* gebildet werden. Will man also jenen Zweck der Bildung, so muß man auch die Wissenschaft wollen. Die Wissenschaft aber hört als Wissenschaft auf, sobald sie zum *bloßen* Mittel herabgesetzt und nicht zugleich um ihrer selbst willen gefördert wird. Um ihrer selbst willen wird sie aber sicher nicht gefördert, wenn Ideen z.B. aus dem Grund zurückgewiesen werden, weil sie keinen Nutzen für das gemeine Leben haben, von keiner praktischen Anwendung, keines Gebrauchs in der Erfahrung fähig sind. Denn dies kann wohl der Fall sein; in Beziehung nämlich auf die Erfahrung, wie sie eben vorhanden ist, oder die Erfahrung, die man so nennt, welche eben durch Vernachlässigung aller Ideen das geworden ist, das sie ist, und eben deshalb nicht mit ihnen übereinstimmen kann. Was rechte, was wirkliche Erfahrung sei, muß erst durch die Ideen bestimmt werden. Die Erfahrung ist wohl gut, wenn sie *echte* Erfahrung ist, aber eben ob sie das ist, und inwiefern, und was denn in der Erfahrung das eigentlich Erfahrene ist, ist die große Frage. So ist z.B. die Newtonsche Optik angeblich ganz auf Erfahrungen gegründet und nichtsdestoweniger in ihrer Grundansicht, so wie in allen ihren weiteren Folgerungen, als falsch erkennbar, sobald man zuvörderst die *Idee* des Lichtes hat. – So mag allerdings die vorgebliche Erfahrung der Ärzte in manchen Punkten der richtigen aus Ideen geflossenen Theorie widerstreiten; allein wenn z.B. der Arzt selbst erst die Symptome der Krankheit schafft, und diese dann für freiwillige Naturwirkungen ausgibt, so ist hier ohne Zweifel keine reine Erfahrung: vielmehr hätte der Arzt die Krankheit gleich nach der richtigen, aus Ideen fließenden Ansicht behandelt, so wären ihm jene Erscheinungen gar nicht entstanden, und er würde sie nicht zu seiner *Erfahrung* zählen, oder wenigstens in ihnen keinen Widerspruch gegen die wahre Theorie sehen. Es gilt von theoretischen Ideen dasselbe, was Kant von praktischen sagt: nämlich, daß nichts. Schädlicheres und Unwürdigeres gefunden werde, als die Berufung auf Erfahrung, die doch gar nicht existieren würde, wäre sie gleich mit besseren Ansichten und nicht nach rohen Begriffen angestellt worden. – Ich kehre von dieser Abschweifung zurück.]

Die äußere Vollständigkeit bringt noch keineswegs das wahre organische [Gesamt-]Leben aller Teile des Wissens hervor, welches durch die Universitäten, die hiervon ihren Namen tragen, erreicht werden soll. Hierzu bedarf es des [Lebensprinzips des] gemeinschaftlichen Geistes, der aus der absoluten Wissenschaft kommt, von der die einzelnen Wissenschaften die Werkzeuge oder die objektive reale Seite sein sollen. Ich kann diese Ansicht hier noch nicht ausführen; indes ist klar, daß von keiner Anwendung der Philosophie die Rede ist, dergleichen auf beinahe alle Fächer nach und nach versucht worden, ja sogar auf die in bezug auf sie niedrigsten Gegenstände, so daß man fast auch die Landwirtschaft, die Entbindungskunst oder Bandagenlehre philosophisch zu machen sich bestrebt hat. Es kann nicht leicht etwas Törichteres [und für den Philosophen selbst Lächerlicheres] geben, als das

Bestreben von Rechtsgelehrten oder Ärzten, ihre Szienz mit einem [äußeren] philosophischen Ansehen zu bekleiden, während sie über die ersten Grundsätze der Philosophie in Unwissenheit sind, gleichwie wenn jemand eine Kugel, einen Zylinder oder ein anderes Solidum ausmessen wollte, dem nicht einmal der erste Satz des Euklides bekannt wäre.

Nur von der Formlosigkeit in den meisten objektiven Wissenschaften rede ich, worin sich auch nicht eine Ahndung von Kunst oder nur die logischen Gesetze des Denkens ausdrücken, von derjenigen Stumpfheit, die mit keinem Gedanken sich über das Besondere erhebt, noch sich vorzustellen vermag, daß sie auch in dem sinnlichen Stoff das Unsinnliche, das Allgemeine darzustellen habe.

Nur das schlechthin Allgemeine ist die Quelle der Ideen, und Ideen sind das Lebendige der Wissenschaft. Wer sein besonderes Lehrfach nur als besonderes kennt und nicht fähig ist, weder das Allgemeine in ihm zu erkennen, noch den Ausdruck einer universell-wissenschaftlichen Bildung in ihm niederzulegen, ist unwürdig, Lehrer und Bewahrer der Wissenschaften zu sein. Er wird sich auf vielfache Weise nützlich machen können, als Physiker mit Errichtung von Blitzableitern, als Astronom mit Kalendermachen, als Arzt mit der Anwendung des Galvanismus in Krankheiten oder auf welche andere Weise er will; aber der Beruf des Lehrers fordert höhere als Handwerkertalente. »Das Abpflöcken der Felder der Wissenschaften«, sagt Lichtenberg, »mag seinen großen Nutzen haben bei der Verteilung unter die *Pächter*; aber den Philosophen, der immer den Zusammenhang des Ganzen vor Augen hat, warnt seine nach Einheit strebende Vernunft bei jedem Schritte, auf keine Pflöcke zu achten, die oft Bequemlichkeit und oft Eingeschränktheit eingeschlagen haben.« Ohne Zweifel war es nicht die besondere Geschicklichkeit in seiner Wissenschaft, sondern das Vermögen, sie mit den Ideen eines bis zur Allgemeinheit ausgebildeten Geistes zu durchdringen, wodurch Lichtenberg der geistreichste Physiker 561 seinerzeit und der vortrefflichste Lehrer seines Faches gewesen ist.

Ich muß hier eine Vorstellung berühren, die sich diejenigen, an welche die Forderung ihr besonderes Fach im Geist des Ganzen zu behandeln, gemacht wird, gewöhnlich davon machen, nämlich, als werde verlangt, sie sollen es als *bloßes* Mittel betrachten; es ist aber vielmehr das gerade Gegenteil der Fall: daß jeder seine Wissenschaft in dem Verhältnis im Geist des Ganzen betreibt, in welchem er sie als

Zweck an sich selbst und als absolut [als selbständig] betrachtet. Schon an sich selbst kann nichts als Glied in einer wahren Totalität begriffen sein, was in ihm bloß als Mittel wirkt. Jeder Staat ist in dem Verhältnis vollkommen, in welchem jedes einzelne Glied, indem es Mittel zum Ganzen, zugleich in sich selbst Zweck ist. Eben dadurch, daß das Besondere in sich absolut ist, es auch wieder im Absoluten und integranter Teil desselben, und umgekehrt.

Je mehr ein Gelehrter seinen besondern Kreis als Zweck an sich selbst begreift, ja ihn für sich wieder zum Mittelpunkt alles Wissens macht, den er zur allbefassenden Totalität erweitern möchte [in dem er das ganze Universum reflektiert möchte], desto mehr bestrebt er sich, Allgemeines und Ideen in ihm auszudrücken. Dagegen je weniger er vermag, ihn mit universellem Sinn zu fassen, desto mehr wird er ihn, er mag sich nun dessen bewußt oder nicht bewußt sein, weil das, was nicht Zweck an sich selbst ist, nur Mittel sein kann, nur als Mittel begreifen. Dies müßte nun billig jedem, der sich selbst ehrt, unerträglich sein; daher mit dieser Beschränktheit gewöhnlich auch die gemeine Gesinnung und der Mangel des *wahren* Interesses an der Wissenschaft, außer dem, welches sie als Mittel für sehr reale, äußere Zwecke hat, vergesellschaftet ist.

Ich weiß recht gut, daß sehr viele und vornehmlich alle die, welche die Wissenschaft überhaupt nur als Nützlichkeit begreifen, die Universitäten als bloße Anstalten zur Überlieferung des Wissens, als einen Verein betrachten, der bloß die Absicht hätte, daß jeder in der Jugend lernen könnte, was bis zu seiner Zeit in den Wissenschaften geleistet worden ist, so daß es auch als eine Zufälligkeit betrachtet werden müßte, wenn die Lehrer außer dem, daß sie das Vorhandene mitteilen, auch noch die Wissenschaft durch eigne Erfindung bereichern; – allein selbst angenommen, daß mit den Akademien zunächst nicht mehr als dieses beabsichtigt würde und werden sollte, so fordert man doch ohne Zweifel zugleich, daß die Überlieferung mit Geist geschehe, widrigenfalls begreift man nicht, wofür nur überhaupt der lebendige Vortrag auf Akademien notwendig wäre; man könnte alsdann den Lehrling unmittelbar nur an die ausdrücklich für ihn geschriebenen, gemeinfaßlichen Handbücher oder an die dicken Kompilationen in allen Fächern verweisen. Zu einer geistreichen Überlieferung gehört aber ohne Zweifel, daß man imstande sei, die Erfindungen anderer aus der vergangenen und gegenwärtigen Zeit richtig, scharf und in allen Beziehungen aufzu-

562

fassen. Viele derselben sind von der Art, daß ihr innerster Geist nur durch homogenes Genie, durch wirkliches Nacherfinden gefaßt werden kann. Jemand, der bloß überliefert, wird also in vielen Fällen in manchen Wissenschaften durchaus falsch überliefern. Wo ist denn diejenige historische Darstellung der Philosophie der alten Zeit oder nur eines einzelnen Philosophen der alten oder selbst der neueren Welt, die man als eine gelungene, wahre, ihren Gegenstand erreichende Darstellung mit Sicherheit bezeichnen könnte? – Aber überhaupt, wer in seiner Wissenschaft nur wie in einem fremden Eigentume lebt, wer sie nicht persönlich besitzt, sich ein sicheres und lebendiges Organ für sie erworben hat, sie nicht in jedem Augenblick neu aus sich zu erzeugen anfangen könnte, ist ein Unwürdiger, der schon in dem Versuch, die Gedanken der Vorwelt oder Gegenwart bloß historisch zu überliefern, über seine Grenze geht und etwas übernimmt, das er nicht leisten kann. Ohne Zweifel rechnet man zu einer geistreichen Überlieferung, daß sie mit Urteil verbunden sei; aber wenn schon das allseitige und richtige Auffassen fremder Erfindungen ohne eignes Vermögen zu Ideen unmöglich ist, wie viel unmöglicher noch das Urteilen? Daß in Deutschland so viel von solchen geurteilt wird, aus denen, wenn man sie auf den Kopf stellte, kein eigner Gedanke herausfiele, beweist nichts; mit solchen Urteilen, als diese zu geben imstande sind, wäre der Wissenschaft gewiß nicht gedient.

563

Die notwendige Folge des Unvermögens, das Ganze seiner Wissenschaft sich aus sich selbst zu konstruieren und aus innerer, lebendiger Anschauung darzustellen, ist der bloß historische Vortrag derselben, z.B. der bekannte in der Philosophie: »Wenn wir unsere Aufmerksamkeit auf uns selbst richten, so werden wir verschiedene Äußerungen dessen gewahr, was man die Seele nennt. – Man hat diese verschiedenen Wirkungen auf verschiedene Vermögen zurückgebracht. – Man nennt diese Vermögen nach der Verschiedenheit der Äußerungen Sinnlichkeit, Verstand, Einbildungskraft usw.«

Nun ist aber an sich nichts geistloser nicht nur, sondern auch geisttötender als eine solche Darstellung; aber es kommt noch überdies die besondere Bestimmung des akademischen Vertrags in Betracht, genetisch zu sein. Dies ist der wahre Vorzug der lebendigen Lehrart, daß der Lehrer nicht Resultate hinstellt, wie es der Schriftsteller pflegt, sondern daß er, in allen höheren Szienzen wenigstens, die Art zu ihnen zu gelangen selbst darstellt und in jedem Fall das Ganze der Wissenschaft gleichsam erst vor den Augen des Lehrlings entstehen läßt. Wie soll nun derjenige, der seine Wissenschaft selbst nicht aus eigner Konstruktion besitzt, fähig sein, sie nicht als ein Gegebenes, sondern als ein zu Erfindendes darzustellen?

So wenig aber als die bloße Überlieferung ohne selbsttätigen Geist hinreichend ist, um als Lehrer mit dem gehörigen Erfolg zu wirken, ebensosehr wird [freilich] erfordert, daß derjenige, welcher in irgend einer Wissenschaft lehren will, diese zuvor soweit gelernt habe, als möglich ist. In jeder, auch der gemeinsten Kunst wird erfordert, daß man erst Proben des vollendeten Lernens abgelegt habe, ehe man die Kunst als Meister ausüben kann. Wenn man die Leichtigkeit bedenkt, mit der auf manchen Universitäten der Lehrstuhl bestiegen wird, sollte man aber fast keinen Beruf für leichter halten als den des Lehrers; und man würde sich in der Regel sogar sehr irren, einen Trieb der eignen Produktivität für den Grund des schnellen Lehrerberufs.

zu halten, da gerade den, der am ehesten zu produzieren imstande ist, das Lernen am wenigsten Verleugnung kosten kann.

Wir haben bisher untersucht, wie die Universitäten auch nur der ersten Absicht nach, in der sie errichtet wurden, sein könnten. Es scheint aber, daß sie wegen der Einseitigkeit der Idee, die ihnen ursprünglich zugrunde liegt, weiter zu streben haben. Wir betrachteten sie dieser Idee gemäß als Anstalten, die bloß für das *Wissen* errichtet sind.

Da wir keine Gegensätze als wahr zugeben, z.B. den des Wissens und Handelns, so ist allgemein notwendig, daß in dem Verhältnis, in welchem sich irgend etwas, das seinen Gegensatz in einem andern hat, seiner Absolutheit annähert, auch der Gegensatz, in dem es mit dem andern ist, sich aufhebt. So ist es demnach eine bloße Folge der Roheit des Wissens, wenn die Akademien noch nicht angefangen haben, als Pflanzschulen der Wissenschaft zugleich allgemeine Bildungsanstalten zu sein.

Es ist notwendig, hier zugleich die Verfassung der Akademien zu berühren, inwiefern diese auf ihre sittliche Bestimmung einen wesentlichen Einfluß hat.

Wenn die bürgerliche Gesellschaft uns großenteils eine entschiedene Disharmonie der Idee und der Wirklichkeit zeigt, so ist es, weil sie vorläufig ganz andere Zwecke zu verfolgen hat, als aus jener hervorgehen, und die Mittel so übermächtig geworden sind, daß sie den Zweck selbst, zu dem sie erfunden sind, untergraben. Die Universitäten, da sie nur Verbindungen für die Wissenschaften sind, brauchen außer dem, was der Staat freiwillig und seines eignen Vorteils wegen für ihre äußere Existenz tun muß, keine andern Veranstaltungen für das Reale, als welche aus der Idee selbst fließen: die Weisheit vereinigt sich hier unmittelbar mit der Klugheit; man hat nur das zu tun, was die Idee des Vereins für die Wissenschaft ohnehin vorschreibt, um auch die Verfassung der Akademien vollkommen zu machen.

Die bürgerliche Gesellschaft, solange sie noch empirische Zwecke zum Nachteil der Absoluten verfolgen muß, kann nur eine scheinbare 565 und gezwungene, keine wahrhaft innere Identität herstellen. Akademien können nur einen absoluten Zweck haben: außer diesem haben sie gar keinen. – Der Staat hat zur Erreichung seiner Absichten Trennungen nötig, nicht die in der Ungleichheit der Stände bestehende, sondern die weit mehr innerliche durch das Isolieren und Entgegensetzen des einzelnen Talents, die Unterdrückung so vieler Individualitäten, die Richtung der Kräfte nach so ganz verschiedenen Seiten, um sie zu desto tauglicheren Instrumenten für ihn selbst zu machen. In einem wissenschaftlichen Verein haben alle Mitglieder der Natur der Sache nach Einen Zweck; es *soll* auf Akademien nichts gelten als die Wissenschaft und kein anderer Unterschied sein, als welchen das Talent und die Bildung macht. Menschen, die bloß da sind, um sich auf andere Weise geltend zu machen, durch Verschwendung, durch nutzlose Hinbringung der Zeit in geistlosen Vergnügungen, mit Einem Wort privilegierte Müßiggänger, wie es in der bürgerlichen Gesellschaft gibt – und gewöhnlich sind es diese, die auf Universitäten am meisten Roheit verbreiten – sollen hier nicht geduldet, und wer seinen Fleiß und seine auf die Wissenschaft gerichtete Absicht nicht beweisen kann, soll entfernt werden.

Wenn die Wissenschaft allein regiert, alle Geister nur für diese in Besitz genommen sind, so werden von selbst keine andern Mißleitungen der so edlen und herrlichen, am Ende doch vorzüglich auf Beschäftigung mit Ideen gerichteten Triebe der Jugend stattfinden können. Wenn auf Universitäten Roheit herrschend gewesen ist oder je wieder werden könnte, so wäre es großenteils die Schuld der Lehrer oder derjenigen, welchen die Aufsicht über den Geist, der von diesen aus sich verbreitet, zukommt.

Wenn die Lehrer selbst keinen andern als den echten Geist um sich verbreiten, und keine andere Rücksichten als die des Wissens und seiner Vervollkommnung gelten, wenn die Ausbrüche der Pöbelhaftigkeit unwürdiger, den Beruf der Lehrer schändender Menschen nicht durch die Niedrigkeit des jeweiligen gemeinen Wesens selbst geduldet werden, so werden von selbst aus der Reihe der studierenden Jünglinge diejenigen verschwinden, die sich nicht anders als durch Roheit auszuzeichnen vermögen.

Das Reich der Wissenschaften ist keine Demokratie, noch weniger Ochlokratie, sondern Aristokratie im edelsten Sinne. Die Besten sollen herrschen. Auch die bloß Unfähigen, welche irgend eine Konvenienz empfiehlt, die bloßen sich vordrängenden Schwätzer, die den wissenschaftlichen Stand durch kleine Arten von Industrie entehren, sollen in der gänzlichen Passivität erhalten werden. Von selbst kann schon niemand der Verachtung entgehen, die ihm in diesen Verhältnissen Unwissenheit und geistige Ohnmacht zuziehen, ja, da diese dann meistens mit Lächerlichkeit oder wahrer Niederträchtigkeit gepaart sind, dienen sie der Jugend zum Spiel und stumpfen allzufrüh den natürlichen Ekel eines noch nicht erfahrenen Gemütes ab.

Das Talent bedarf keines Schutzes, wenn nur das Gegenteil nicht begünstigt ist; das Vermögen zu Ideen verschafft sich von selbst die oberste und entschiedenste Wirkung.

Dies ist die einzige Politik, die in Ansehung aller Anstalten für Wissenschaft statthat, um sie blühend zu machen, um ihnen so viel möglich Würde nach innen und Ansehen nach außen zu geben. Um die Akademien insbesondere zu Mustern von Verfassungen zu machen, erforderte es nichts, als was man, ohne einen Widerspruch zu begehen, gar nicht umhin kann zu wollen; und da ich, wie gesagt, die Kluft zwischen Wissen und Handeln überhaupt nicht zugebe, so kann ich sie unter jener Bedingung auch in Ansehung der Akademien nicht zulassen.

Die Bildung zum vernunftmäßigen Denken, worunter ich freilich keine bloß oberflächliche Angewöhnung, sondern eine in das Wesen des Menschen selbst übergehende Bildung, die allein auch die echt wissenschaftliche ist, verstehe, ist auch die einzige zum vernunftmäßigen Handeln; Zwecke, die außer dieser absoluten Sphäre szientifischer Ausbildung liegen, sind durch die erste Bestimmung der Akademien schon von ihnen ausgeschlossen.

Derjenige, welcher von seiner besondern Wissenschaft aus die vollkommene Durchbildung bis zum absoluten Wissen erhalten hat, ist von selbst in das Reich der Klarheit, der Besonnenheit gehoben, das Gefährlichste für den Menschen ist die Herrschaft dunkler Begriffe, es ist für ihn schon vieles gewonnen, wenn diese nur überhaupt beschränkt ist, es ist alles gewonnen, wenn er zum absoluten Bewußtsein durchgedrungen ist, wenn er ganz im Licht wandelt.

Die Wissenschaft richtet gleich unmittelbar den Sinn auf diejenige Anschauung, die, eine dauernde Selbstgestaltung, unmittelbar zu der Identität mit sich und dadurch zu einem wahrhaft seligen Leben führt. Langsam erzieht die Erfahrung und das Leben, nicht ohne vielen Verlust der Zeit und der Kraft. Dem, der sich der Wissenschaft weiht, ist es vergönnt, die Erfahrung sich vorauszunehmen und das, was doch am Ende einziges Resultat des durchgebildetsten und erfahrungsreichsten Lebens sein kann, gleich unmittelbar und an sich selbst zu erkennen.

3. Über die ersten Voraussetzungen des

akademischen Studium

Den hohen Zweck desjenigen, der sich überhaupt der Wissenschaft weiht, glaube ich im Vorhergehenden durch die Idee der letzteren schon hinlänglich ausgesprochen zu haben. Desto kürzer werde ich mich über die allgemeinen Forderungen, die an den gemacht werden müssen, der diesen Beruf erwählt, fassen können.

Der Begriff des Studierens schließt an sich schon und besonders nach den Verhältnissen der neueren Kultur eine doppelte Seite in sich. Die erste ist die historische. In Ansehung derselben findet das bloße *Lernen* statt. Die unumgängliche Notwendigkeit der Gefangennehmung und Ergebung seines Willens unter den Gehorsam des Lernens in allen Wissenschaften folgt schon aus dem früher Bewiesenen. Was auch bessere Köpfe in Erfüllung dieser Bedingung mißleitet, ist eine sehr gewöhnliche Täuschung.

Sie fühlen sich nämlich bei dem Lernen mehr angestrengt als eigentlich tätig, und weil die Tätigkeit der natürlichere Zustand ist, halten sie jede Art derselben für eine höhere Äußerung des angeborenen Vermögens, wenn auch die Leichtigkeit, welche das eigne Denken und

Entwerfen für sie hat, seinen Grund mehr in der Unkenntnis der wahren Gegenstände und eigentlichen Aufgaben des Wissens, als in einer echten Fülle des produktiven Triebs haben sollte. Im Lernen, selbst wo es durch lebendigen Vortrag geleitet wird, findet wenigstens keine Wahl statt; man muß durch alles, durch das Schwere wie das Leichte, durch das Anziehende wie das minder Anziehende hindurch; die Aufgaben werden hier nicht willkürlich, nach Ideenassoziation oder Neigung genommen, sondern mit Notwendigkeit. In dem Gedankenspiel, bei mittelmäßig reger Einbildungskraft, die mit geringer Kenntnis der wissenschaftlichen Forderungen verbunden ist, nimmt man heraus, was gefällt, und läßt liegen, was nicht gefällt, oder was auch im Erfinden und eignen Denken nicht ohne Anstrengung ergründet werden kann.

Selbst derjenige, der von Natur berufen ist, zuvor nicht bearbeitete Gegenstände in neuen Gebieten sich zu seiner Aufgabe zu nehmen, muß doch den Geist auf jene Weise geübt haben, um in diesen einst durchzudringen. Ohne dies wird ihm auch im Selbstkonstruieren immer nur ein desultorisches Verfahren und fragmentarisches Denken eigentümlich bleiben. Die Wissenschaft zu durchdringen, vermag nur, wer sie bis zur Totalität gestalten und bis zu der Gewißheit in sich ausbilden kann, kein wesentliches Mittelglied übersprungen, das Notwendige erschöpft zu haben.

Ein gewisser Ton der Popularität in den obersten Wissenschaften, kraft dessen sie geradezu jedermanns Ding und jeder Fassungskraft angemessen sein sollten, hat die Scheu vor Anstrengung so allgemein verbreitet, daß die Schlaffheit, die es mit den Begriffen nicht zu genau nimmt, die angenehme Oberflächlichkeit und wohlgefällige Seichtigkeit sogar zur sogenannten feineren Ausbildung gehörte, und man endlich auch den Zweck der akademischen Bildung darauf beschränkte, von dem Wein der höheren Wissenschaften eben nur so viel zu kosten, als man mit Anstand auch einer Dame anbieten könnte.

Man muß den Universitäten zum Teil die Ehre widerfahren lassen, daß sie vorzüglich den einbrechenden Strom der Ungründlichkeit, den die neuere Pädagogik noch vermehrte, aufgehalten haben, obgleich es andererseits auch der Überdruß an ihrer langweiligen, breiten und von keinem Geist belebten Gründlichkeit war, was jenem den meisten Eingang verschaffte.

Jede Wissenschaft hat außer ihrer eigentümlichen Seite eine andere noch, die ihr mit der Kunst gemein ist. Es ist die Seite der Form, welche in einigen derselben sogar vom Stoff ganz unzertrennlich ist. Alle Vortrefflichkeit in der Kunst, alle Bildung eines edlen Stoffs in angemessener Form geht aus der Beschränkung hervor, die der Geist sich selbst setzt. Die Form wird nur durch Übung vollständig erlangt, und aller wahre Unterricht soll seiner Bestimmung nach mehr auf diese als auf den Stoff gehen, [mehr das Organ üben als den Gegenstand überliefern. – Aber das Organ auch der Wissenschaft ist Kunst, und diese will durch Übung gebildet und gelernt sein].

Es gibt vergängliche und hinfällige Formen, und als besondere sind alle diejenigen, in die sich der Geist der Wissenschaft hüllt, auch nur verschiedene Erscheinungsweisen des sich in ewig neuen Gestalten verjüngenden und wiedergebährenden Genius. Aber in den besondern Formen ist eine allgemeine und absolute Form, von der jene selbst nur wieder die Symbole sind; und ihr Kunstwert steigt in dem Maße, in welchem ihnen gelingt jene zu offenbaren. Alle Kunst aber hat eine Seite, von der sie durch Lernen erworben wird. Die Scheu vor Formen und angeblichen Schranken derselben ist die Scheu vor der Kunst in der Wissenschaft.

Aber nicht in der gegebenen und besondern Form, die nur gelernt sein kann, sondern in eigentümlicher, selbstgebildeter, den gegebenen Stoff reproduzieren, vollendet auch erst das Aufnehmen selbst. Lernen ist nur negative Bedingung, wahre Intussuszeption nicht ohne innere Verwandlung in sich selbst möglich. Alle Regeln, die man dem Studieren vorschreiben könnte, fassen sich in der einen zusammen: Lerne nur, um selbst zu schaffen. Nur durch dieses göttliche Vermögen der Produktion ist man wahrer Mensch, ohne dasselbe nur eine leidlich klug eingerichtete Maschine. Wer nicht mit demselben höheren Antrieb, womit der Künstler aus einer rohen Masse das Bild seiner Seele und der eignen Erfindung hervorruft, es zur vollkommenen Herausarbeitung des Bildes seiner Wissenschaft in allen Zügen und Teilen bis zur vollkommenen Einheit mit dem Urbild gebracht hat, hat sie überhaupt nicht durchdrungen.

Alles Produzieren ruht auf einer Begegnung oder Wechseldurchdringung des Allgemeinen und Besonderen. Den Gegensatz jeder Besonderheit gegen die Absolutheit scharf zu fassen, und zugleich in demselben unteilbaren Akt jene in dieser und diese in jener zu begreifen, ist das Geheimnis der Produktion. Hierdurch bilden sich jene höheren Einheitspunkte, wodurch das Getrennte zur Idee zusammenfließt, jene

571

höheren Formeln, in die sich das Konkrete auflöst, die Gesetze, »aus dem himmlischen Äther geboren, die nicht die sterbliche Natur des Menschen gezeugt hat.«

Die gewöhnliche Einteilung der Erkenntnis in die rationale und historische wird so bestimmt, daß jene mit der Erkenntnis der Gründe verbunden, diese eine bloße Wissenschaft des Faktum sei. Man könnte einwenden, daß ja auch die Gründe wieder bloß historisch gewußt werden können; allein dann würden sie eben nicht als Gründe aufgefaßt. Man hat den Ekelnamen der Brotwissenschaften allgemein denjenigen gegeben, welche unmittelbarer als andere zum Gebrauch des Lebens dienen. Aber keine Wissenschaft verdient an sich diese Benennung. Wer die Philosophie oder Mathematik als Mittel behandelt, für den ist sie so gut bloßes Brotstudium, als die Rechtsgelehrsamkeit oder Medizin für denjenigen, der kein höheres Interesse für sie hat als das der Nützlichkeit für ihn selbst. Der Zweck alles Brotstudium ist, daß man die bloßen Resultate kennen lernt, entweder mit gänzlicher Vernachlässigung der Gründe, oder daß man auch diese nur um eines äußeren Zwecks willen, z.B. um bei angeordneten Prüfungen notdürftige Rechenschaft geben zu können, historisch kennen lernt.

Man kann sich dazu entschließen, einzig, weil man die Wissenschaft zu einem bloß empirischen Gebrauch erlernen will, d.h. sich selbst bloß als Mittel betrachtet. Nun kann gewiß niemand, der nur einen Funken von Achtung für sich selbst hat, sich gegenüber von der Wissenschaft selbst so niedrig fühlen, daß sie für ihn nur als Abrichtung für empirische Zwecke Wert hätte. Die notwendigen Folgen einer solchen Art zu studieren, sind diese:

Erstens ist es unmöglich, sich auch nur das Empfangene richtig anzueignen, notwendig also, daß man es falsch anwende, da der Besitz desselben nicht auf einem lebendigen Organ der Anschauung, sondern nur auf dem Gedächtnis beruht. Wie oft senden Universitäten aus ihren Schulen solche Brotgelehrte zurück, die sich alles, was sich in ihrem Fach von Gelehrsamkeit da vorfindet, vortrefflich eingeprägt haben, denen es aber für die Aufnahme des Besonderen unter das Allgemeine gänzlich an Urteil fehlt! Lebendige Wissenschaftlichkeit bildet zur Anschauung; in dieser aber ist das Allgemeine und Besondere immer eins. Der Brotgelehrte dagegen ist anschauungslos, er kann sich im vorkommenden Falle nichts konstruieren, selbsttätig zusammensetzen, und da er im Lernen doch nicht auf alle möglichen Fälle vorbereitet werden konnte, so ist er in den meisten von seinem Wissen verlassen.

Eine andere notwendige Folge ist, daß ein solcher gänzlich unfähig ist fortzuschreiten; auch damit legt er den Hauptcharakter des Menschen und des wahren Gelehrten insbesondere ab. Er kann nicht fortschreiten, denn wahre Fortschritte sind nicht nach dem Maßstab früherer Lehren, sondern nur aus sich selbst und aus absoluten Prinzipien zu beurteilen. Höchstens faßt er auf, was selbst keinen Geist hat, neu angepriesene Mittel, diese oder jene fade Theorie, die eben entsteht und die Neugier reizt, oder einige neue Formeln, gelehrte Novitäten usw. Alles muß ihm als eine Besonderheit erscheinen, um von ihm aufgenommen zu werden. Denn nur das Besondere kann gelernt werden, und in der Qualität des Gelerntseins ist alles nur ein Besonderes. Deswegen ist er der geschworene Feind jeder echten Entdeckung, die im allgemeinen gemacht wird, jeder Idee, weil er sie nicht faßt, jeder wirklichen Wahrheit, die ihn in seiner Ruhe stört. Vergißt er sich noch überdies so weit, sich dagegen aufzulehnen, so benimmt er sich entweder auf die bekannte ungeschickte Art, das Neue nach Prinzipien und Ansichten zu beurteilen, die jenes eben in Ansprüche nimmt, mit Gründen oder gar Auktoritäten zu streiten, die in dem vorhergehenden Zustand der Wissenschaft etwa gelten konnten; oder es bleiben ihm im Gefühl seiner Nichtigkeit nur Schmähungen oder die Waffen der Verleumdung übrig, zu denen er sich innerlich berechtigt fühlt, weil jede neue Entdeckung wirklich ein persönlicher Angriff auf ihn ist. 573

Der Erfolg ihres Studierens oder wenigstens die erste Richtung desselben hängt für alle mehr oder weniger von der Art und dem Grad von Bildung und Kenntnis ab, den sie auf die Akademie mitbringen. Von der ersten äußeren und sittlichen Bildung, die für diese Erziehungsstufe schon erfordert wird, sage ich nichts, da alles, was hierüber zu sagen wäre, sich von selbst versteht.

Die sogenannten Vorkenntnisse betreffend, so kann man die Art von Wissen, die vor dem akademischen erworben wird, nicht wohl anders denn als Kenntnisse bezeichnen. Für die Ausdehnung derselben gibt es ohne Zweifel auch einen Punkt, jenseits und diesseits dessen das Rechte nicht besteht.

Die höheren Wissenschaften lassen sich nicht in der Qualität von Kenntnissen besitzen oder erlangen. Es würde nicht ratsam sein, zu einer Zeit, wo doch in keiner Richtung die Absolutheit wahrhaft erreicht werden kann, dasjenige Wissen zu antizipieren, das seiner Natur nach darauf beruht und diesen Charakter zugleich allem anderen Wissen mitteilt. Ja auch von Wissenschaften, deren Stoff zum Teil in Kenntnissen besteht, die nur im Zusammenhang des Ganzen ihren wahren Wert erlangen können, jene mitzuteilen, ehe der Geist durch die höheren Wissenschaften in diesen eingeweiht ist, könnte nur die spätere Vernachlässigung, aber keinen Vorteil zur Folge haben. Der Erziehungseifer der letzten Zeit hat auch die niederem Schulen nur nicht ganz zu Akademien umzuschaffen zum Teil versucht, aber nur der Halbheit in der Wissenschaft neuen Vorschub getan.

Es ist überhaupt nötig auf jeder Stufe zu verweilen, bis man das sichere Gefühl hat, sich auf ihr festgesetzt zu haben. Nur wenigen *scheint* es verstattet, Stufen zu überspringen, obgleich dies eigentlich nie der Fall ist. *Newton* las in zartem Alter die Elemente des Euklides wie ein selbstgeschriebenes Werk, oder wie andere unterhaltende Schriften lesen. Er konnte daher von der Elementargeometrie unmittelbar zu den höheren Untersuchungen übergehen.

In der Regel ist das andere Extrem des obigen der Fall, nämlich die tiefste Vernachlässigung der Vorbereitungsschulen. Was vor dem Eintritt in das akademische Studium schlechthin schon erworben sein sollte, ist alles, was zum Mechanischen in den Wissenschaften gehört. Teils hat überhaupt jede Szienz einen bestimmten Mechanismus, teils macht die allgemeine Verfassung der Wissenschaften mechanische Hilfsmittel, zu denselben zu gelangen unentbehrlich. Ein Beispiel des ersten Falls sind die allgemeinsten und ersten Operationen der Analysis des Endlichen; der akademische Lehrer kann wohl ihre wissenschaftlichen Gründe entwickeln, aber nicht den Rechenmeister machen. Ein Beispiel des andern Falls ist die Kenntnis der Sprachen, alter und neuer, da diese allein den Zugang zu den vornehmsten Quellen der Bildung und der Wissenschaft öffnen. Es gehört hierher überhaupt alles, was mehr oder weniger durch Gedächtnis aufgefaßt sein will, da dies im früheren Alter teils am schärfsten ist, teils am meisten geübt sein will.

Ich werde hier nur vorzüglich von dem früheren Studium der Sprachen reden, welches nicht bloß als notwendige Stufe zu jeder ferneren in der wissenschaftlichen Bildung unumgänglich ist, sondern einen unabhängigen Wert in sich selbst hat.

Die elenden Gründe, aus welchen vorzüglich das Erlernen der alten Sprachen im früheren Alter von der modernen Erziehungskunst bestritten wird, bedürfen keiner Widerlegung mehr. Sie gelten nur für ebenso viele besondere Beweise der Gemeinheit der Begriffe, die dieser zugrunde lagen, und sind vorzüglich von einem mißverstandenen Eifer gegen überwiegende Ausbildung des Gedächtnisses nach den Vorstellungen einer empirischen Psychologie eingegeben. Die angeblichen Erfahrungen darüber waren von gewissen Gedächtnisgelehrten hergenommen, die sich zwar mit Kenntnissen aller Art angefüllt, aber dadurch freilich nicht hatten erwerben können, was ihnen die Natur versagt hatte. Daß übrigens weder ein großer Feldherr noch ein großer Mathematiker oder Philosoph oder Dichter ohne Umfang und Energie des Gedächtnisses möglich war, konnte für sie nicht in Betracht kommen, da es auch gar nicht darauf angesehen war, große Feldherrn, Mathematiker, Dichter oder Philosophen, sondern nützliche, bürgerliche gewerbsame Menschen zu bilden.

575

Ich kenne keine Beschäftigungsart, welche mehr geeignet wäre, im früheren Alter dem erwachenden Witz, Scharfsinn, Erfindungskraft die erste Übung zu geben, als die vornehmlich mit den alten Sprachen. Ich rede hier nämlich nicht von der Wissenschaft der Sprache im abstrakten Sinn, inwiefern diese als unmittelbarer Abdruck des inneren Typus der Vernunft Gegenstand einer wissenschaftlichen Konstruktion ist. Ebensowenig von der Philologie, zu der sich Sprachkenntnis nur wie das Mittel zu seinem viel höheren Zwecke verhält. Der bloße Sprachgelehrte heißt nur durch Mißbrauch Philolog; dieser steht mit dem Künstler und Philosophen auf den höchsten Stufen, oder vielmehr durchdringen sich beide in ihm. Seine Sache ist die historische Konstruktion der Werke der Kunst und Wissenschaft, deren Geschichte er in lebendiger Anschauung zu begreifen und darzustellen hat. Auf Universitäten soll eigentlich nur Philologie, in diesem Sinne behandelt, gelehrt werden; der akademische Lehrer soll nicht Sprachmeister sein. – Ich kehre zu meiner ersten Behauptung zurück.

Die Sprache an und für sich selbst schon und bloß grammatisch angesehen, ist eine fortgehende angewandte Logik. Alle wissenschaftliche Bildung [alle Erfindungsfähigkeit] besteht in der Fertigkeit, die Möglichkeiten zu erkennen, da im Gegenteil das gemeine Wissen nur Wirklichkeiten begreift. Der Physiker, wenn er erkannt hat, daß unter gewissen Bedingungen eine Erscheinung wahrhaft möglich sei, hat auch erkannt, daß sie wirklich ist. Das Studium der Sprache als Auslegung, vorzüglich aber als Verbesserung der Lesart durch Konjektur, übt dieses Erkennen der Möglichkeiten auf eine dem Knabenalter angemessene Art, wie es noch im männlichen Alter auch einen knabenhaft bleibenden Sinn angenehm beschäftigen kann.

Es ist unmittelbare Bildung des Sinns, aus einer für uns erstorbenen Rede den lebendigen Geist zu erkennen, und es findet darin kein anderes Verhältnis statt, als welches auch der Naturforscher zu der Natur hat. Die Natur ist für uns ein uralter Autor, der in Hieroglyphen geschrieben hat, dessen Blätter kolossal sind, wie *der Künstler* bei Goethe sagt. Eben derjenige, der die Natur bloß auf dem empirischen Wege erforschen will, bedarf gleichsam am meisten *Sprach*-Kenntnis von ihr um die für ihn ausgestorbene Rede zu verstehen. Im höheren Sinn der Philologie ist dasselbe wahr. Die Erde ist ein Buch, das aus Bruchstücken und Rhapsodien sehr verschiedener Zeiten zusammengesetzt ist. Jedes Mineral ist ein wahres philologisches Problem. In der Geologie wird der Wolf noch erwartet, der die Erde ebenso wie den Homer zerlegt und ihre Zusammensetzung zeigt.

In die besonderen Teile des akademischen Studium jetzt einzugehen und gleichsam das ganze Gebäude desselben auf den ersten Grundlagen aufzuführen, ist nicht möglich, ohne zugleich die Verzweigungen der Wissenschaft selbst zu verfolgen und das organische Ganze derselben zu konstruieren.

Ich werde demnach zunächst den Zusammenhang aller Wissenschaften unter sich, und die Objektivität, welche diese innere, organische Einheit durch die äußere Organisation der Universitäten erhalten hat, darstellen müssen.

Gewissermaßen würde dieser Grundriß die Stelle einer allgemeinen Enzyklopädie der Wissenschaften vertreten können; da ich aber diese nie rein an sich, sondern immer zugleich in der besondern Beziehung meines Vertrags betrachten werde, so kann natürlich kein aus den höchsten Prinzipien auf die strengste Art abgeleitetes System der Erkenntnisse hier erwartet werden. Ich kann, so wie überhaupt in diesen Vorlesungen, nicht darauf ausgehen, meinen Gegenstand zu erschöpfen. Dies kann man nur in der wirklichen Konstruktion und Demonstration erreichen: ich werde vieles nicht sagen, was vielleicht gesagt zu werden verdiente, desto mehr aber mich hüten, etwas zu sagen, was nicht gesagt werden sollte, entweder an sich, oder weil es die gegenwärtige Zeit und der Zustand der Wissenschaften notwendig machten.

4. Über das Studium der reinen Vernunftwissenschaften, der Mathematik und der Philosophie im allgemeinen

Das schlechthin Eine, von dem alle Wissenschaften ausfließen und in das sie zurückkehren, ist das Urwissen, durch dessen Einbildung ins Konkrete sich von Einem Zentralpunkt aus das Ganze des Erkennens bis in die äußersten Glieder gestaltet. Diejenigen Wissenschaften, in welchen es sich als in seinen unmittelbarsten Organen reflektiert, und das Wissen als Reflektierendes mit dem Urwissen als Reflektiertem in Eins zusammenfällt, sind wie die allgemeinen Sensoria in dem organischen Leib des Wissens. Wir haben von diesen Zentralorganen auszugehen, um das Leben von ihnen aus durch verschiedene Quellen bis in die äußersten Teile zu leiten.

Für denjenigen, der noch nicht selbst im Besitz desjenigen Wissens ist, welches mit dem Urwissen eins und es selbst ist, gibt es keinen andern Weg, zur Anerkennung desselben geleitet zu werden, als durch den Gegensatz mit dem andern Wissen.

Ich kann hier unmöglich begreiflich machen, wie wir dazu kommen, überhaupt etwas Besonderes zu erkennen; nur so viel läßt sich bestimmt auch hier zeigen, daß ein solches Erkennen kein absolutes und eben darum auch nicht unbedingt wahres sein kann. Man verstehe dies nicht im Sinne eines gewissen empirischen Skeptizismus, der die Wahrheit der sinnlichen, d.i. ganz aufs Besondere gerichteten Vorstellungen aus dem Grunde der Sinnentäuschungen bezweifelt, so daß, wenn es keine optischen und anderen Betrüge gäbe, wir alsdann unserer sinnlichen Erkenntnis so ziemlich gewiß sein könnten; ebensowenig in dem eines rohen Empirismus überhaupt, der die Wahrheit der sinnlichen Vorstellungen allgemein darum bezweifelt, weil doch die Affektionen, aus denen sie entspringen, erst durch die Seele zur Seele gelangen und auf diesem Wege viel von ihrer Ursprünglichkeit verlieren müssen. Aller Kausalbezug zwischen Wissen und Sein gehört selbst mit zu der sinnlichen Täuschung, und wenn jenes ein endliches ist, so ist es dies vermöge einer Determination, die in ihm selbst und nicht außer ihm liegt.

Aber eben dies, daß es überhaupt ein bestimmtes Wissen ist, macht es zu einem abhängigen, bedingten, stets veränderlichen; das Bestimmte an ihm ist, wodurch es ein Mannigfaltiges und Verschiedenes ist, die *Form*. Das *Wesen* des Wissens ist eines, in allem das gleiche, und kann eben deswegen auch nicht determiniert sein. Wodurch sich also Wissen von Wissen unterscheidet, ist die Form, die im besonderen aus der Indifferenz mit dem Wesen tritt, welches wir insofern auch das Allgemeine nennen können. Form getrennt von Wesen aber ist nicht reell, ist bloß Schein; das besondere Wissen rein als solches demnach kein wahres Wissen.

Dem besonderen steht das reine allgemeine gegenüber, welches als ein von jenem abgesondertes das abstrakte heißt. Es kann hier ebensowenig die Entstehung dieses Wissens begreiflich gemacht, es kann nur gezeigt werden, daß, wenn in dem besondern die Form dem Wesen unangemessen ist, das rein allgemeine dagegen dem Verstand als Wesen ohne Form erscheinen müsse. Wo die Form nicht im Wesen und durch dasselbe erkannt wird, wird eine Wirklichkeit erkannt, die nicht aus der Möglichkeit begriffen wird, wie die besondern und sinnlichen Bestimmungen der Substanz in Ewigkeit nicht aus dem Allgemeinbegriff derselben eingesehen werden können; weshalb diejenigen, die bei diesem Gegensatz stehen bleiben, sich außer dem Allgemeinen noch das Besondere unter dem Namen des Stoffs als eines allgemeinen Inbegriffs der sinnlichen Verschiedenheiten zugeben lassen. Im entgegengesetzten Fall wird die reine, abstrakte Möglichkeit begriffen, aus der man nicht zu der Wirklichkeit herauskommen kann, und dies und jenes ist, mit Lessing zu reden, der breite Graben, vor dem der große Haufen der Philosophen von jeher stehen geblieben ist.

Es ist klar genug, daß der letzte Grund und die Möglichkeit aller wahrhaft absoluten Erkenntnis darin ruhen muß, daß eben das Allgemeine zugleich auch das Besondere und dasselbe, was dem Verstand als bloße Möglichkeit ohne Wirklichkeit, Wesen ohne Form erscheint, eben dieses auch die Wirklichkeit und die Form sei: dies ist die Idee aller Ideen und aus diesem Grunde die des Absoluten selbst. Es ist nicht minder offenbar, daß das Absolute an sich betrachtet, da es eben *nur* diese Identität ist, an sich weder das eine noch das andere der Entgegengesetzten sei, daß es aber als das gleiche *Wesen* beider, und demnach als Identität, in der Erscheinung nur *entweder* im Realen *oder* im Idealen sich darstellen könne.

Die beiden Seiten der Erkenntnis, die, in welcher die Wirklichkeit der Möglichkeit, und die, in welcher die letzte der erstern vorangeht, lassen sich nämlich unter sich wieder als reale und ideale entgegensetzen. Wäre es nun denkbar, daß im Realen oder Idealen selbst wieder nicht das eine oder das andere der beiden Entgegengesetzten, sondern die *reine* Identität beider, als solche, durchbräche, so wäre damit ohne Zweifel die Möglichkeit einer absoluten Erkenntnis selbst innerhalb der Erscheinung gegeben.

Wenn demnach, um von diesem Punkt aus weiter zu schließen, von der Identität der Möglichkeit und Wirklichkeit rein als solcher im Realen ein Reflex wäre, so könnte sie ebensowenig als ein abstrakter Begriff wie als konkretes Ding erscheinen: das erste nicht, weil sie alsdann eine Möglichkeit wäre, der die Wirklichkeit, das andere nicht, weil sie eine Wirklichkeit wäre, der die Möglichkeit gegenüberstünde.

Da sie ferner als Identität rein im Realen erscheinen sollte, müßte sie sich als reines *Sein*, und inwiefern dem Sein die Tätigkeit entgegengesetzt ist, als Negation aller Tätigkeit erscheinen. Dasselbe ist nach dem früher aufgestellten Grundsatz einzusehen: daß jedes, was seinen Gegensatz in einem andern hat, nur, wiefern es in sich absolut ist, zugleich wieder die Identität von sich selbst und seinem Entgegengesetzten ist; denn das Reale wird diesem zufolge als Identität von Möglichkeit und Wirklichkeit nur erscheinen können, inwiefern es in sich selbst absolutes Sein, alles Entgegengesetzte daher von ihm negiert ist.

Ein solches reines *Sein* mit Verneinung aller Tätigkeit ist nun ohne Zweifel der *Raum*; aber eben derselbe ist auch weder ein Abstraktum, denn sonst müßten mehrere Räume sein, da der Raum in allen Räumen nur Einer ist, noch ein Konkretum, denn sonst müßte ein abstrakter Begriff von ihm sein, dem er als Besonderes nur unvollkommen angemessen wäre; er ist aber ganz, was er ist, das Sein erschöpft in ihm den Begriff, und er ist eben deswegen und nur, weil er absolut real ist, auch wieder absolut ideal.

Zu Bestimmung der gleichen Identität, sofern sie im Idealen erscheint, können wir uns unmittelbar des Gegensatzes mit dem Raum bedienen [denn dem Raum, welcher eben dadurch, daß er weder allgemeines noch konkretes Wesen ist, sich als Reflex von der absoluten Einheit des Allgemeinen und Besonderen ankündigt, steht nun notwen-

dig ein anderer Reflex entgegen]; denn da dieser [der Raum] als reines
Sein mit Negationen aller Tätigkeit erscheint, so wird jene [die dem
Raum entgegenstehende Form] dagegen sich als *reine* Tätigkeit mit
Verneinung alles Seins darstellen müssen; aber aus dem Grunde, daß
sie reine Tätigkeit ist, wird sie nach dem angegebenen Prinzip auch
wieder die Identität von sich und dem Entgegengesetzten, von Möglichkeit also und Wirklichkeit sein. Eine solche Identität ist die reine
Zeit. Kein Sein als solches ist in der Zeit, sondern nur die Veränderungen des Seins, welche als Tätigkeitsäußerungen und als Negationen
des Seins erscheinen. In der empirischen Zeit geht die Möglichkeit, als
Ursache, der Wirklichkeit voran, in der reinen Zeit ist die erste auch
die andere. Als Identität des Allgemeinen und Besonderen ist die Zeit
so wenig ein abstrakter Begriff als ein konkretes Ding, und es gilt von
ihr in dieser Beziehung alles, was von dem Raume gilt.

Diese Beweise sind hinreichend, einzusehen, sowohl daß in der reinen
Anschauung des Raums und der Zeit eine wahrhaft objektive Anschauung der Identität von Möglichkeit und Wirklichkeit als solcher gegeben
ist, als auch daß beide bloß relative Absolute sind, da weder Raum
noch Zeit die Idee aller Ideen an sich, sondern nur in getrenntem Reflex
darstellen; daß aus demselben Grunde weder jener noch diese Bestimmungen des An-sich sind, und daß, wenn die in beiden ausgedrückte
Einheit Grund einer Erkenntnis oder Wissenschaft ist, diese selbst bloß
zur reflektierten Welt gehören, aber nichtsdestoweniger der Form nach
absolut sein müsse.

Wenn nun, was ich hier nicht beweisen, sondern nur als bewiesen
in der Philosophie voraussetzen kann, Mathematik, als Analysis und
Geometrie, ganz in jenen beiden Anschauungsarten gegründet ist, so
folgt, daß in jeder dieser Wissenschaften eine Erkenntnisart herrschend
sein müsse, die der Form nach absolut ist.

Die Realität überhaupt und die der Erkenntnis insbesondere beruht
weder allein auf dem Allgemeinbegriff noch allein auf der Besonderheit;
die mathematische Erkenntnis ist aber weder die eines bloßen Abstrak-
tums noch die eines Konkretums, sondern der in der Anschauung
dargestellten Idee. Die Darstellung des Allgemeinen und Besondern in
der Einheit, heißt überhaupt Konstruktion, die von der Demonstration

wahrhaft nicht unterschieden ist[8]. Die Einheit selbst drückt sich auf doppelte Weise aus. Erstens darin, daß – um uns an das Beispiel der Geometrie zu halten – allen Konstruktionen derselben, die sich unter sich wieder unterscheiden, als Triangel, Quadrat, Zirkel usw., dieselbe absolute Form [der reine Raum] zugrunde liegt, und zum wissenschaftlichen Begreifen derselben in ihrer Besonderheit nichts außer der Einen allgemeinen und absoluten Einheit erfordert wird. Zweitens darin, daß das Allgemeine jeder besondern Einheit, z.B. das allgemeine Dreieck mit dem besondern wieder eins ist, und hinwiederum das besondere Dreieck statt aller gilt und Einheit und Allheit zugleich ist[9]. Dieselbe Einheit drückt sich als die der Form und Wesen aus, da die Konstruktion, welche als Erkenntnis bloß Form scheinen würde, zugleich das Wesen des Konstruierten selbst ist[10].

Es ist leicht, die Anwendung von dem allen auf die Analysis zu machen.

Die Stelle der Mathematik im allgemeinen System des Wissens ist zur Genüge bestimmt, ihre Beziehung auf das akademische Studium ergibt sich daraus von selbst. Eine Erkenntnisart, welche das Wissen über das Gesetz der Kausalverbindung, das im gemeinen Wissen wie in einem großen Teil der sogenannten Wissenschaften herrschend ist, in das Gebiet einer reinen Vernunftidentität erhebt, bedarf keines äußern Zwecks. So sehr man auch übrigens die großen Wirkungen der Mathematik in ihrer Anwendung auf die allgemeinen Bewegungsgesetze, in der Astronomie und Physik überhaupt, anerkennte, so wäre derjenige doch nicht zur Erkenntnis der Absolutheit dieser Wissenschaft gelangt, der sie nur um dieser Folgen willen hochschätzte, und dies überhaupt sowohl, als insbesondere, weil diese zum Teil nur einem Mißbrauch der reinen Vernunftevidenz ihren Ursprung verdanken. Die neuere Astronomie geht als Theorie auf nichts anderes als Umwandlung absoluter, aus der Idee fließender Gesetze in empirische Notwendigkeiten aus, und hat diesen Zweck zu ihrer vollkommenen Befriedigung erreicht; übrigens kann es durchaus nicht Sache der Mathematik in die-

8   Vgl. Fernere Darstellungen aus dem System der Philosophie, I, IV, 407 ff. und Über die Konstruktion in der Philosophie, I. V, 130 ff. und S. 139. A. d. O.

9   Vgl. Über die Konstruktion in der Philosophie, I, V, 132. A. d. O.

10   Vgl. ebendaselbst, S. 134. A. d. O.

sem Sinn, und wie sie jetzt begriffen wird, sein, über das Wesen oder An-sich der Natur und ihrer Gegenstände das Geringste zu verstehen. Dazu wäre nötig, daß sie selbst vorerst in ihren Ursprung zurückginge und den in ihr ausgedrückten Typus der Vernunft allgemeiner begriffe. Inwiefern die Mathematik ebenso im Abstrakten, wie die Natur im Konkreten, der vollkommenste objektivste Ausdruck der Vernunft selbst ist, insofern müssen alle Naturgesetze, wie sie in reine Vernunftgesetze sich auflösen, ihre entsprechenden Formen auch in der Mathematik finden; aber nicht so, wie man dies bisher angenommen hat, daß diese für jene nur bestimmend und die Natur übrigens in dieser Identität sich nur mechanisch verhalte, sondern so, daß Mathematik und Naturwissenschaft nur eine und dieselbe von verschiedenen Seiten angesehene Wissenschaft seien.

Die Formen der Mathematik, wie sie jetzt verstanden werden, sind Symbole, für welche denen, die sie besitzen, der Schlüssel verloren gegangen ist, den, nach sichern Spuren und Nachrichten der Alten, noch Euklides besaß. Der Weg zur Wiedererfindung kann nur der sein, sie durchaus als Formen reiner Vernunft und Ausdrücke von Ideen zu begreifen, die sich in der objektiven Gestalt in ein anderes verwandelt zeigen. Je weniger der gegenwärtige Unterricht der Mathematik geeignet sein möchte, zu dem ursprünglichen Sinn dieser Formen zurückzuführen, desto mehr wird die Philosophie auf dem nun betretenen Wege auch die Mittel der Enträtselung und der Wiederherstellung jener uralten Wissenschaft an die Hand geben[11].

Der Lehrling achte fürnehmlich ja einzig auf diese Möglichkeit, so wie auf den bedeutenden Gegensatz der Geometrie und Analysis, der dem des Realismus und Idealismus in der Philosophie auffallend entspricht.

Wir haben an der Mathematik den bloß formellen Charakter der absoluten Erkenntnisart, den sie so lange behalten wird, als sie nicht vollkommen symbolisch begriffen ist, aufgezeigt. Die Mathematik gehört insofern noch zur bloß abgebildeten Welt, als sie das Urwissen, die absolute Identität nur im Reflex und, welches davon eine notwendige Folge ist, in getrennter Erscheinung zeigt [obgleich das, was sie darstellt, die Ideen, wahre Urwesen und Urformen der Dinge selbst sind]. Die schlechthin und in jeder Beziehung absolute Erkenntnisart würde

11 Vgl. a. a. O., S. 130. A. d. O.

demnach diejenige sein, welche das Urwissen unmittelbar und an sich selbst zum Grund und Gegenstand hätte [es aussprüche]. Die Wissenschaft aber, die außer jenem kein anderes Urbild hat, ist notwendig die Wissenschaft alles Wissens, demnach die *Philosophie.*

Es kann nicht, weder überhaupt noch insbesondere, hier ein Beweis geführt werden, wodurch jedermänniglich gezwungen würde, zu gestehen, Philosophie sei eben Wissenschaft des Urwissens; es kann nur bewiesen werden, eine solche Wissenschaft sei überhaupt notwendig, und man kann sicher sein, beweisen zu können, daß jeder andere Begriff, den man etwa von Philosophie aufstellen möchte, kein Begriff, nicht etwa nur dieser, sondern überhaupt einer möglichen Wissenschaft sei.

Philosophie und Mathematik sind sich darin gleich, daß beide in der absoluten Identität des Allgemeinen und Besondern gegründet[12], beide also auch, inwiefern jede Einheit dieser Art Anschauung ist, überhaupt in der Anschauung sind; aber die Anschauung der ersten kann nicht wieder wie die der letzten eine reflektierte sein, sie ist eine unmittelbare Vernunft- oder intellektuelle Anschauung, die mit ihrem Gegenstande, dem Urwissen selbst, schlechthin identisch ist.[13] Darstellung in intellektueller Anschauung ist philosophische Konstruktion; aber wie die allgemeine Einheit, die allen zugrunde liegt, so können auch die besondern, in deren jeder die gleiche Absolutheit des Urwissens aufgenommen wird, nur in der Vernunftanschauung enthalten sein, und sind insofern Ideen. Die Philosophie ist also die Wissenschaft der Ideen oder der ewigen Urbilder der Dinge.

Ohne intellektuelle Anschauung keine Philosophie! Auch die reine Anschauung des Raums und der Zeit ist nicht im gemeinen Bewußtsein, als solchem; denn auch sie ist die, nur im Sinnlichen reflektierte, intel-

12 Sieht der Geometer etwa das Konkrete in dem (wirklichen) Kreis an? Keineswegs. Aber allerdings auch nicht den bloßen allgemeinen Begriff, sondern das Allgemeine dennoch im Besonderen. Er schaut also zwar nur das Absolute, das schlechthin Relationslose, den Kreis an sich selbst, und nicht das Konkrete. Aber er nimmt dieses auch nicht hinweg – er negiert es nicht, sondern ist gleichgültig gegen dasselbe. Es ist ihm für seine Erkenntnis ganz indifferent. (Vgl. die öfter zitierte Abhandlung über die Konstruktion in der Philosophie ganz unten S. 131 und 132. A. d. O.)

13 Vgl. a. a. O., S. 129. A. d. O.

lektuelle. Aber der Mathematiker hat das Mittel der äußern Darstellung voraus: in der Philosophie fällt auch die Anschauung ganz in die Vernunft zurück[14] Wer sie nicht hat, versteht auch nicht, was von ihr gesagt wird; sie kann also überhaupt nicht gegeben werden. Eine negative Bedingung ihres Besitzes ist die klare und innige Einsicht der Nichtigkeit aller bloß endlichen Erkenntnis. Man kann sie in sich bilden; in dem Philosophen muß sie gleichsam zum Charakter werden, zum unwandelbaren Organ, zur Fertigkeit alles nur zu sehen, wie es in der Idee sich darstellt[15].

Ich habe hier nicht von der Philosophie überhaupt, ich habe nur so weit von ihr zu reden, als sie sich auf die erste wissenschaftliche Bildung bezieht.

Von dem Nutzen der Philosophie zu reden, achte ich unter der Würde dieser Wissenschaft. Wer nur überhaupt darnach fragen kann, ist sicher noch nicht einmal fähig ihre Idee zu haben. Sie ist durch sich selbst von der Nützlichkeitbeziehung frei gesprochen. Sie ist nur um ihrer selbst willen; um eines andern willen zu sein, würde unmittelbar ihr Wesen selbst aufheben.

Von den Vorwürfen, die ihr gemacht werden, halte ich nicht ganz unnötig zu sprechen: sie soll sich nicht durch Nützlichkeit empfehlen, aber auch nicht durch Vorspiegelungen schädlicher Wirkungen, die man ihr zuschreibt, wenigstens in äußern Beziehungen eingeschränkt
werden.

5. Über die gewöhnlichen Einwendungen gegen das

Studium der Philosophie

Wenn ich den sehr gemein gewordenen Vorwurf, daß die Philosophie der Religion und dem Staate gefährlich sei, nicht mit Stillschweigen übergehe, so ist es, weil ich glaube, daß die meisten, die sich hierauf entgegnend haben vernehmen lassen, nicht imstande gewesen sind das Gehörige zu sagen.

14 Vgl. ebenfalls I. V, 129. A. d. O.

15 Vgl. Fernere Darstellungen aus dem System der Philosophie, I. V, 361. 362 A. d. O.

Die nächste Antwort wäre wohl die: was mag das für ein Staat und was mag das für eine Religion sein, denen die Philosophie gefährlich sein kann? Wäre dies wirklich der Fall, so müßte die Schuld an der vorgeblichen Religion und dem angeblichen Staat liegen. Die Philosophie folgt nur ihren innern Gründen und kann sich wenig bekümmern, ob alles, was von Menschen gemacht ist, damit übereinstimme. Von der Religion rede ich hier nicht; ich behalte mir vor, in der Folge die innigste Einheit beider, und wie die eine die andere erzeugt, darzutun.

Was den Staat betrifft, so will ich die Frage allgemein stellen: Wovon kann man in der wissenschaftlichen Beziehung mit Recht sagen oder fürchten, daß es dem Staat gefährlich sei? Es wird sich alsdann ohne Zweifel von selbst ergeben, ob die Philosophie etwas der Art sei, oder ob etwas der Art aus ihr hervorgehen könne.

Eine Richtung in der Wissenschaft halte ich in Beziehung auf den Staat für verderblich und die andere für untergrabend.

Die erste ist, wenn das gemeine Wissen sich zum absoluten oder zur Beurteilung desselben [zur Beurteilung von Ideen] aufrichten will. Der Staat begünstige nur erst, daß der gemeine Verstand Schiedsrichter über Ideen sei, so wird dieser sich bald auch über den Staat erheben, dessen auf Vernunft und in Ideen gegründete Verfassung er so wenig wie diese begreift. Mit denselben populären Gründen, mit welchen er gegen die Philosophie zu streiten meint, kann er und noch viel einleuchtender die ersten Formen des Staates angreifen. Ich muß erklären, was ich unter gemeinem Verstand begreife. Keineswegs allein oder vorzüglich den rohen, schlechthin ungebildeten Verstand, sondern gleicherweise den durch falsche und oberflächliche Kultur zum hohlen und leeren Räsonieren gebildeten Verstand, der sich für absolut gebildet hält, und der in der neueren Zeit sich durch Herabwürdigung alles dessen, was auf Ideen beruht, vorzüglich geäußert hat.

Dieser Ideenleerheit, die sich Aufklärung zu nennen untersteht, ist die Philosophie am meisten entgegengesetzt. Man wird zugeben müssen, daß es keine Nation in dieser Erhebung eines räsonierenden Verstandes über die Vernunft weiter gebracht hat als die französische [und in dieser Beziehung sind unsere Deutschen doch nur armselige und langweilige Prediger im Vergleich mit den französischen Schriftstellern]. Es ist demnach die größte, auch historische Ungereimtheit, zu sagen: Philosophie sei für Erhaltung der Rechtsgrundsätze gefährlich (denn ich will mich so ausdrücken, da es allerdings Verfassungen oder Zustände derselben geben könnte, denen die Philosophie zwar nicht gefährlich, aber eben auch nicht günstig sein kann). Gerade diejenige Nation, die, einige wenige Individuen früherer Zeiten ausgenommen (denen man aber gewiß keinen Einfluß auf die politischen Begebenheiten der späteren zuschreiben wird), in keiner Epoche, am wenigsten in derjenigen, welche der Revolution voranging, Philosophen hatte, war es, die das Beispiel einer durch rohe Greuel bezeichneten Umwälzung mit derselben Frevelhaftigkeit gab, mit welcher sie nachher zu neuen Formen der Sklaverei zurückgekehrt ist. Ich leugne nicht, daß Räsoneurs in allen Wissenschaften und nach allen Richtungen in Frankreich den Namen der Philosophen usurpiert haben; es möchte aber wohl keiner von denjenigen sein, denen unter uns dieser Charakter unbestreitbar zukommt, der einem einzigen von jenen ihn zugestünde. Es ist nicht zu verwundern und wäre an sich, wenn man nicht auf andere Weise über den Wert und die Bedeutung davon aufgeklärt würde, sogar preiswürdig, daß eine kraftvolle Regierung unter diesem Volk jene leeren Abstraktionen proskribiert, in welchen allerdings großenteils oder allein bestand, was die Franzosen von wissenschaftlichen Begriffen hatten. Mit höhlen Verstandesbegriffen läßt sich freilich so wenig ein Staat als eine Philosophie bauen, und eine Nation, die den Zugang zu den Ideen nicht hat, tut recht, wenigstens Reste von solchen aus Trümmern vorhanden gewesener Formen hervorzusuchen.

Die Erhebung des gemeinen Verstandes zum Schiedsrichter in Sachen der Vernunft führt ganz notwendig die Ochlokratie im Reiche der Wissenschaften und mit dieser früher oder später die allgemeine Erhebung des Pöbels herbei. Fade oder heuchlerische Schwätzer, die da meinen, ein gewisses süßlichtes Gemenge sogenannter sittlicher Grundsätze an die Stelle der Ideenherrschaft zu setzen, verraten nur, wie wenig sie selbst von Sittlichkeit wissen. Es gibt keine ohne Ideen, und alles sittliche Handeln ist es nur als Ausdruck von Ideen[16].

Die andere Richtung, in welche sich die erste verliert, und welche die Auflösung alles dessen, was auf Ideen gegründet ist, herbeiführen muß, ist die auf das bloß Nützliche. Wenn einmal dieses der höchste Maßstab für alles ist, so gilt er auch für die Staatsverfassung. Nun gibt es aber wohl überhaupt keine wandelbarere Sicherheit als jene; denn

16   Vgl. die Abhandlung über das Verhältnis der Naturphilosophie zur Philosophie überhaupt, I, V, S. 105 und S. 123.

von dem, was heute nützlich ist, ist es morgen das Gegenteil. Aber noch überdies muß dieser, es sei durch welche Wirkung, sich verbreitende Trieb alles Große und jede Energie unter einer Nation ersticken. Nach dem Maßstabe desselben wäre die Erfindung des Spinnrads wichtiger als die eines Weltsystems, und die Einführung der Spanischen Schafzucht in einem Lande für ein größeres Werk zu achten als die Umgestaltung einer Welt durch die fast göttlichen Kräfte eines Eroberers. [Wenn die höchsten Preise aller Art auf die Nützlichkeit gesetzt werden, so muß aus diesem schmählichen Eigennutz des Staats endlich ein gleicher Eigennutz der Einzelnen entstehen und Eigennutz noch das einzige Band werden, das den Staat selbst zusammenhält und den Einzelnen an ihn bindet. Nun gibt es aber in der Welt kein zufälligeres Band als eben dieses. Jedes wahre Band, das Dinge oder Menschen vereinigt, muß ein göttliches sein, d.h. ein solches, worin jedes Glied frei ist, weil jedes nur das Unbedingte will]. Wenn Philosophie eine Nation groß machen könnte, so wäre es eine solche, die ganz in Ideen ist, die nicht über den Genuß grübelte oder die Liebe zum Leben als erste Triebfeder obenansetzte, sondern die Verachtung des Todes lehrte und nicht die Tugenden großer Charaktere psychologisch zergliederte. In Deutschland könnte, da kein äußeres Band es vermag, nur ein inneres, eine herrschende Religion oder Philosophie, den alten Nationalcharakter hervorrufen, der in der Einzelnheit zerfallen ist und immer mehr zerfällt. Es ist gewiß, daß ein kleines, friedliches, zu keinen großen Bestimmungen berufenes Völklein auch keiner großen Motive bedarf; für dieses scheint es hinreichend, daß es leidlich zu essen und zu trinken habe und der Industrie sich ergebe. Selbst in größeren Staaten zwingt die Unverhältnismäßigkeit der Mittel, die ein armer Boden darreicht, zu den Zwecken, die Regierungen selbst, sich mit diesem Nützlichkeitsgeist zu befreunden und alle Künste und Wissenschaften einzig auf das Streben danach anzuweisen. Es leidet keinen Zweifel, daß solchen Staaten die Philosophie nichts nützen kann, und wenn die Fürsten anfangen, immer mehr populär zu werden, die Könige selbst sich schämen Könige zu sein und nur die ersten Bürger sein wollen, auch die Philosophie nur anfangen kann, sich in eine bürgerliche Moral umzuwandeln und von ihren hohen Regionen in das gemeine Leben herabzusteigen.

Die Staatsverfassung ist ein Bild der Verfassung des Ideenreichs. In diesem ist das Absolute als die Macht, vor der alles ausfließt, der

Monarch, die Ideen sind – nicht der Adel oder das Volk, weil das Begriffe sind, die nur im Gegensatz gegeneinander Realität haben, sondern – die Freien: die einzelnen wirklichen Dinge sind die Sklaven und Leibeigenen. Eine gleiche Stufenfolge ist unter den Wissenschaften. Die Philosophie lebt nur in Ideen, die Beschäftigung mit den einzelnen wirklichen Dingen überläßt sie den Physizis, Astronomis usw. – Allein dies sind ja selbst nur überspannte Ideen, und wer glaubt in dieser Humanität und Aufgeklärtheit der Zeiten noch an die hohen Beziehungen des Staats?

Wenn dem einbrechenden Strom, der immer sichtbarer Hohes und Niederes vermischt, seit auch der Pöbel zu schreiben anhebt und jeder Plebejer in den Rang der Urteiler sich erhebt, irgend etwas Einhalt zu tun vermag, so ist es die Philosophie, deren natürlicher Wahlspruch das Wort ist:
Odi profanum volgus et arceo.

Nachdem man angefangen hatte, die Philosophie, nicht ohne Wirkung, als gefährlich für Staat und Kirche zu verschreien, haben endlich auch die Inhaber verschiedentlicher Wissenschaften ihre Stimme gegen sie erhoben, als ob sie, auch in dieser Beziehung, verderblich wäre, dadurch, daß sie [die Jugend insbesondere] von den gründlichen Wissenschaften abziehe, sie als entbehrlich darstelle usw.

Es wäre freilich vortrefflich, wenn auch die Gelehrten gewisser Fächer in den Rang der privilegierten Klassen treten könnten, und von Staats wegen festgesetzt würde, es soll in keinem Zweig des Wissens ein Fortschritt oder gar eine Umwandlung stattfinden. So weit ist es bis jetzt, wenigstens allgemein, noch nicht gekommen, wird auch wohl nie dahin kommen. Es ist keine Wissenschaft, die an sich in Entgegensetzung mit der Philosophie wäre, vielmehr sind alle eben durch sie und in ihr eins. Es ist also immer nur die Wissenschaft, wie sie in irgend eines Menschen Kopf existiert; und ist diese mit der Wissenschaft aller Wissenschaften im Widerstreit, desto schlimmer für sie! Warum ist denn die Geometrie seit langen Zeiten im ungestörten Besitz ihrer Lehrsätze und im ruhigen Fortschreiten?

Ich weiß, daß nichts so sehr wie das gründliche Studium der Philosophie geschickt ist, Achtung für die Wissenschaft einzuflößen, obgleich diese Achtung für die Wissenschaft nicht immer eben eine Achtung für die Wissenschaften sein mag, wie sie jetzt sind; und wenn denn nun auch diejenigen, welche in der Philosophie eine Idee der Wahrheit

591

erlangt haben, von dem grund- und bodenlosen und unzusammenhängenden Wesen, das ihnen in andern Fächern unter jenem Namen angeboten wird, sich hinweg wenden und das Tiefere, das Begründetere, Zusammenhängendere suchen, so ist ja dies reiner Gewinn für die Wissenschaft selbst.

Daß diejenigen, die noch frisch, ohne vorgefaßte Meinungen, mit dem ersten noch unverfälschten Sinn für Wahrheit zu den Wissenschaften kommen, vor jeder Luft eines Zweifels an dem, was bisher gegolten, oder selbst der Gewißheit der Ungültigkeit sorgfältig bewahrt und wie geistige Mumien einbalsamiert werden sollen, dafür habe ich wenigstens keinen Sinn.

Um nur in die andern Wissenschaften eindringen zu können, müssen sie die Idee der Wahrheit aus der Philosophie empfangen haben, und gewiß wird jeder mit desto größerem Interesse zu einer Wissenschaft kommen, je mehr Ideen er zu ihr bringt; wie ich selbst während der Zeit, daß ich hier gelehrt habe, einen allgemeineren Eifer für alle Teile der Naturwissenschaft durch die Wirkung der Philosophie habe aufleben sehen.

[Die Philosophie ist ihrer Natur nach zum Umfassenden, zum Allgemeinen hinstrebend. Wenn nun im einzelnen Menschen oder im Ganzen eines Geschlechts sich mit dem universellen Geist höherer Wissenschaftlichkeit und der Erleuchtung durch Ideen die lebendigste und mannigfaltigste Erkenntnis des Einzelnen verbindet, so entsteht jenes erfreuliche Gleichmaß der Bildung, woraus nur das Gesunde, Gerade, Tüchtige in aller Art von Wissenschaft und Handlung erwachsen kann. Wenn aber freilich in einem gegebenen wissenschaftlichen Zustand dem Trieb zu Umfassendem und Allgemeinem, der etwa durch Philosophie aufgeregt wird, weder die Fülle klassischer Bildung noch die einer wahren, auf Naturanschauung gegründeten Erfahrung das Gleichgewicht hält, so ist unvermeidlich, daß das Ganze nach der Einen Seite sich neigend, früher oder später überstürze, an welch' traurigem Fall dann aber nicht die Philosophie schuld ist, sondern die Schwäche oder der Mangel desjenigen, das ihr gegenüberstehen soll, und mit welchem zusammen sie allein den vollendeten Organismus der Bildung darzustellen vermag.]

Die von dem Schaden, welchen Philosophie bei der Jugend stiftet, so viel zu sagen wissen, befinden sich in einem von beiden folgenden Fällen. Entweder haben sie sich wirklich die Wissenschaft dieser Philosophie verschafft oder nicht. In der Regel ist das Letzte der Fall: wie können sie also urteilen? Oder das Erste: so verdanken sie selbst dem Studium der Philosophie den Nutzen, einzusehen, daß sie keinen Nutzen habe; wie man von Sokrates zu sagen pflegt, er habe seinem Wissen wenigstens so viel verdankt, zu wissen, daß er nichts wisse; diesen Nutzen sollten sie doch auch andern zuteil werden lassen und nicht verlangen, daß man ihnen aufs Wort glaube, da die eigne Erfahrung doch ohnehin einen stärkeren Eindruck machen wird als ihre Versicherung; davon nichts zu sagen, daß ohne jene Kenntnis für die Jugend auch ihre scharfsinnige Polemik gegen diese Philosophie unverständlich und ihre Anspielungen dagegen, so grob sie übrigens sein mögen, verloren waren.

Der gewöhnliche Trost, den sie bei der Fruchtlosigkeit ihrer Warnungen und Vermahnungen sich selbst und untereinander geben, ist dann der: daß es mit der Philosophie doch keinen langen Bestand haben werde, daß sie nur die Sache einer Mode sei, die aber, wie noch immer geschehen, zu ihrer Zeit auch vorbeigehen werde, daß ja ohnehin alle Augenblicke neue Philosophien entstehen, und was dergleichen mehr ist.

Was das Erste betrifft, so befinden sie sich ganz in dem Fall des Bauern, der an einen tiefen Strom kommend, ihn nur vom Regen geschwellt meint und wartet, bis er ablaufen wird.

> Rusticus expectat, dum defluat amnis; at ille
> Labitur et labetur in omne volubilis aevum.

Was das Letzte betrifft, den schnellen Wechsel der Philosophien, so sind sie wirklich nicht imstande zu beurteilen, ob das, was sie so nennen, wirklich verschiedene *Philosophien* sind. Die scheinbaren Veränderungen der Philosophie existieren nur für die Unwissenden. Sie gehen entweder jene überhaupt nicht an, indem es allerdings und eben auch jetzt Bestrebungen genug gibt, die sich für philosophische ausgeben, in denen aber keine Spur davon anzutreffen ist; allein eben um das, was sich Philosophie nennt, ohne es zu sein, von der Philosophie abzuscheiden, muß ja untersucht, und weil die, die jetzt jung sind, künftig doch auch untersuchen sollen, Philosophie studiert werden. Oder sie sind Verwandlungen, die einen wirklichen Bezug auf Philosophie haben, so sind es Metamorphosen ihrer Form. Ihr Wesen ist unwandelbar dasselbe, seit dem ersten, der es ausgesprochen hat; aber sie ist eine lebendige Wissenschaft, und es gibt einen philosophischen Kunsttrieb, wie es einen poetischen gibt.

Wenn noch Umgestaltungen in der Philosophie stattfinden, so ist dies Beweis, daß sie ihre letzte Form und absolute Gestalt noch nicht gewonnen hat. Es gibt untergeordnetere und höhere, es gibt einseitigere und umfassendere Formen: jede sogenannte neue Philosophie muß aber einen neuen Schritt in der Form getan haben. Daß die Erscheinungen sich drängen, ist begreiflich, weil die vorhergehende unmittelbarer den Sinn schärft, den Trieb entzündet. Selbst aber auch, wenn die Philosophie in der absoluten Form wird dargestellt sein – und war sie es denn noch nicht, soweit dies überhaupt möglich ist? – wird es niemand verwehrt sein, sie wieder in besondere Formen zu fassen. Die Philosophen haben das ganz eigentümlich voraus, daß sie in ihrer Wissenschaft ebenso einig als die Mathematiker sind (alle waren es, die überhaupt dafür gelten konnten), und daß doch jeder gleich original sein kann, was jene nicht können. Die andern Wissenschaften könnten sich Glück wünschen, wenn erst bei ihnen jener Wechsel der Formen ernstlicher einträte. Um die absolute Form zu gewinnen, muß sich der Geist in allen versuchen, dies ist das allgemeine Gesetz jeder freien Bildung.

594

Mit der Nachrede, daß die Philosophie eine bloße Sache der Mode sei, kann es auch nicht so ernstlich gemeint sein. Die sie vorbringen, würden gerade darum sich nur um so leichter damit vertragen. Wenn sie nicht ganz nach der Mode sein wollen, so wollen sie doch auch nicht ganz altmodisch sein, und wenn sie nur hier und da etwas, und wär' es bloß ein Wort, von der neueren oder neuesten Philosophie erhaschen können, verschmähen sie es ja doch nicht, sich damit auszuschmücken. Wär' es wirklich nur eine Sache der Mode, wie sie vorgeben, und demnach ebenso leicht, als es ist, einen Kleiderschnitt oder Hut mit dem andern zu verwechseln, auch ein System der Medizin, der Theologie usw. nach den neuesten Grundsätzen aufzustellen, so würden sie gewiß nicht säumen es zu tun. Es muß also doch mit der Philosophie seine ganz eigentümlichen Schwierigkeiten haben.

595

6. Über das Studiumder Philosophie insbesondere

Wenn das Wissen überhaupt an sich selbst Zweck ist, so muß dies noch vielmehr und im vorzüglichsten Sinne von demjenigen Wissen gelten, in welchem alles andere eins, und welches die Seele und das Leben von ihm ist.

Kann Philosophie erlernt, kann sie überhaupt durch Übung, durch Fleiß erworben werden; oder ist sie ein angeborenes Vermögen, ein freies Geschenk und durch Schickung verliehen? Daß sie als solche nicht gelernt werden könne, ist in dem Vorhergehenden schon enthalten. Nur die Kenntnis von ihren besondern Formen läßt sich auf diesem Wege erlangen. Jene soll aber, bei dem Studium der Philosophie, außer der Ausbildung des nicht zu erwerbenden Vermögens, das Absolute zu fassen, mit beabsichtigt werden. Wenn gesagt wird, daß Philosophie nicht gelernt werden könne, so ist die Meinung nicht, daß deswegen nun jeder sie ohne Übung besitze, und daß man etwa ebenso von Natur philosophieren könne, als man sich von Natur besinnen oder Gedanken verbinden kann. Die meisten derjenigen, welche gegenwärtig in der Philosophie urteilen oder gar sich einfallen lassen eigne Systeme auf die Bahn zu bringen, könnten sich von diesem Dünkel schon durch die Kenntnis des zuvor Gewesenen sattsam heilen. Es würde dann seltener geschehen, was so sehr gewöhnlich ist: daß man zu Irrtümern, die man schon abgelegt hat, durch seichtere Gründe, als welche man selbst dafür zu haben glaubte, bekehrt werden soll; seltener, daß jemand sich überredete, mit ein paar Wortformeln den Geist der Philosophie zu beschwören und die großen Gegenstände derselben zu fassen.

Das, was von der Philosophie, nicht zwar eigentlich gelernt, aber doch durch Unterricht geübt werden kann, ist die Kunstseite dieser Wissenschaft, oder was man allgemein Dialektik nennen kann. Ohne dialektische Kunst ist keine wissenschaftliche Philosophie! Schon ihre Absicht, alles als eins darzustellen und in Formen, die ursprünglich dem Reflex angehören, dennoch das Urwissen auszudrücken, ist Beweis davon. Es ist dieses Verhältnis der Spekulation zur Reflexion, worauf alle Dialektik beruht.

Aber eben dieses Prinzip der Antinomie des Absoluten und der bloß endlichen Formen, so wie daß in der Philosophie Kunst und Produktion so wenig als Form und Stoff in der Poesie getrennt sein können, beweist, daß auch die Dialektik eine Seite hat, von welcher sie nicht *gelernt* werden kann, und daß sie nicht minder, wie das, was man, der ursprünglichen Bedeutung des Worts gemäß, die Poesie in der Philosophie nennen könnte, auf dem produktiven Vermögen beruht.[17]

Von dem innern Wesen des Absoluten, welches die ewige In-Eins-Bildung des Allgemeinen und Besondern selbst ist, ist in der erscheinenden Welt ein Ausfluß in der Vernunft und der Einbildungskraft, welche beide ein und dasselbige sind, nur jene im Idealen, diese im Realen. Mögen diejenigen, denen nichts als ein dürrer und unfruchtbarer Verstand zuteil geworden ist, sich durch ihre Verwunderung schadlos halten, daß man zur Philosophie Einbildungskraft fordere. Statt desjenigen, was allein so genannt werden kann, ist ihnen nur die lebhafte Ideenassoziation, die das Denken erschwert, oder die falsche Imagination als eine regellose Reproduktion sinnlicher Bilder bekannt. Jedes wahre durch Einbildungskraft geschaffene Kunstwerk ist die Auflösung des gleichen Widerspruchs mit dem, der in den Ideen vereinigt dargestellt ist. Der bloß reflektierende Verstand begreift nur einfache Reihen und die Idee, als Synthesis von Entgegengesetzten, als Widerspruch. 597

Das produktive Vermögen läßt sich, wo es ist, bilden, erhöhen und ins Unendliche durch sich selbst potenziiren: es läßt sich im Gegenteil auch im Keim ersticken oder wenigstens in der Entwicklung hemmen. Wenn es daher eine Anweisung über das Studium der Philosophie geben kann, so muß diese mehr negativer Art sein. Man kann den Sinn für Ideen nicht schaffen, wo er nicht ist; man kann aber verhindern, daß er nicht erdrückt oder falsch geleitet werde.

Der Trieb und die Begierde, das Wesen der Dinge zu erforschen, ist den Menschen allgemein so tief eingepflanzt, daß sie auch das Halbe, das Falsche mit Eifer ergreifen, wenn es nur den Schein und einige Hoffnung gibt, daß es sie zu dieser Erkenntnis führe. Anders begreift man nicht, wie bei einem im. Ganzen recht ernstlichen Ernst die oberflächlichsten Versuche in der Philosophie Teilnahme erregen konnten, wenn sie nur in irgend einer Richtung Gewißheit versprachen.

Der Verstand, den die Unphilosophie den gesunden nennt, da er nur der gemeine ist, verlangt gleichsam die bare und klingende; Münze

---

17 Produktivität des Geistes also erste Bedingung, und zwar aller echten Wissenschaft überhaupt, aber vornehmlich der Wissenschaft alles Wissens.

der Wahrheit und sucht sie sich ohne Rücksicht auf das Unzureichende seiner Mittel zu verschaffen. In die Philosophie übergreifend, erzeugt er die Ungeheuer einer rohen dogmatischen. Philosophie, die mit dem Bedingten das Unbedingte zu ermessen, das Endliche zum Unendlichen auszudehnen sucht. Die Art zu schließen, welche in dem Gebiet des Abhängigen von dem einen zum andern reicht, soll ihm hier über die Kluft vom Abgeleiteten: zum Absoluten helfen. – In der Regel versteigt er sich nicht einmal so weit, sondern bleibt unmittelbar bei dem, was er seine Tatsachen nennt, stehen. Die bescheidenste Philosophie in dieser Richtung ist die, welche allgemein zwar die Erfahrung als die einzige oder Hauptquelle realer Erkenntnis ausgibt, übrigens aber von den Ideen zuläßt, daß sie vielleicht Realität haben, die ihnen nur für unser Wissen gänzlich fehle. Man kann wohl sagen, daß eine solche Philosophie studieren schlimmer ist, als überhaupt: keine kennen. Eben über die Tatsachen des Bewußtseins zu etwas, was an sich selbst absolut wäre, hinaus zu kommen, ist die ursprüngliche Absicht aller Philosophie: diese Tatsachen-Erzählung dafür auszugeben, würde denen, die es pflegen, nicht einmal eingekommen sein, wäre nicht wahre Philosophie vorausgegangen.[18]

Der bloße Zweifel an der gemeinen und endlichen Ansicht der Dinge ist ebensowenig Philosophie; es muß zum kategorischen Wissen der Nichtigkeit desselben kommen, und dieses negative Wissen muß der positiven Anschauung der Absolutheit gleich werden, wenn es sich auch nur zum echten Skeptizismus erheben soll.

Ganz zu den empirischen Versuchen in der Philosophie gehört auch, was man insgemein Logik nennt. Wenn diese eine Wissenschaft der Form, gleichsam die reine Kunstlehre der Philosophie sein sollte, so müßte sie das sein, was wir oben unter dem Namen der Dialektik charakterisiert haben. Eine solche existiert noch nicht. Sollte sie eine reine Darstellung der Formen der Endlichkeit in ihrer Beziehung aufs Absolute sein, so müßte sie wissenschaftlicher Skeptizismus sein: dafür kann auch Kants transzendentale Logik nicht gehalten werden. Versteht man aber unter Logik eine rein formale, sich den Inhalt oder die Materie des Wissens entgegensetzende Wissenschaft, so wäre diese an sich eine der Philosophie direkt entgegengesetzte Szienz, da diese eben auf

598

18 Vgl. Einleitung in die Philosophie der Mythologie, II. Abt, B. 1, S. 300. A. d. O. [Bd. III, S. 656 vorliegender Ausgabe.]

die absolute Einheit der Form und des Wesens geht oder – inwiefern sie den Stoff in empirischer Bedeutung als das Konkrete von sich absondert – eben die absolute Realität, die zugleich absolute Idealität ist, darstellt. Sie ist demnach eine ganz empirische Doktrin, welche die Gesetze des gemeinen Verstandes als absolute aufstellt, z.B. daß von zwei kontradiktorisch entgegengesetzten Begriffen jedem Wesen nur einer zukomme, was in der Sphäre der Endlichkeit seine vollkommene Richtigkeit hat, nicht aber in der Spekulation, die nur in der Gleichsetzung Entgegengesetzter ihren Anfang hat. Auf gleiche Weise stellt sie Gesetze des Verstandesgebrauchs in seinen verschiedenen Funktionen als Urteilen, Einteilen, Schließen auf. Aber wie? Ganz empirisch, ohne ihre Notwendigkeit zu beweisen, wegen der sie an die Erfahrung verweist, z.B. daß mit vier Begriffen zu schließen, oder in einer Einteilung Glieder sich entgegenzusetzen, die in anderer Beziehung nicht wieder etwas Gemeinschaftliches haben, eine Ungereimtheit erzeuge.

599

Gesetzt aber, die Logik ließe sich darauf ein, diese Gesetze aus spekulativen Gründen als notwendige für dies reflektierte Erkennen zu beweisen, so wäre sie alsdann keine absolute Wissenschaft mehr, sondern eine besondere Potenz in dem allgemeinen System der Vernunftwissenschaft. Auf die vorausgesetzte Absolutheit der Logik gründet sich ganz die sogenannte Kritik der reinen Vernunft, welche diese nur in der Unterordnung unter den Verstand kennt.[19] In dieser [Unterordnung] wird die Vernunft als das Vermögen zu schließen erklärt, da sie vielmehr eine absolute Erkenntnisart ist, wie die durch Schluß eine durchaus bedingte. Wäre keine andere Erkenntnis des Absoluten als die durch Vernunftschlüsse, und keine andere Vernunft als die in der Form des Verstandes, so müßten wir allerdings auf alle unmittelbare und kategorische Erkenntnis des Unbedingten und Übersinnlichen, wie Kant lehrt, Verzicht tun.

Solch ein großer Mißgriff, als es Kant vorgestellt hat, ist es nach diesem nicht, daß man der natürlichen Trockenheit der Logik durch anthropologische und psychologische Vorkenntnisse abzuhelfen gewußt hat, welches vielmehr ein recht gesundes Gefühl von dem Wert der ersten voraussetzt, wie auch alle, welche die Philosophie in Logik setzen, gleichsam eine angeborne Hinneigung zur Psychologie haben.

---

19 Vgl. Über die Konstruktion in der Philosophie, I. V, 135. A. d. O.

Was übrigens von dieser sogenannten Wissenschaft an sich selbst zu halten sei, begreift sich aus dem Vorhergehenden von selbst. Sie beruht auf der angenommenen Entgegensetzung der Seele und des Leibes, und man kann leicht urteilen, was bei Nachforschungen über etwas, das gar nicht existiert, nämlich eine dem Leib entgegengesetzte Seele, herauskommen kann. Alle wahre Wissenschaft des Menschen kann nur in der wesentlichen und absoluten Einheit der Seele und des Leibes, d.h. in der *Idee* des Menschen, also überhaupt nicht in dem wirklichen und empirischen Menschen, der von dieser [von der Idee] nur eine relative Erscheinung ist, gesucht werden.

Eigentlich müßte von der Psychologie bei der Physik die Rede sein, die nun ihrerseits mit dem gleichen Grunde das bloß Leibliche betrachtet und die Materie und die Natur für tot annimmt. Die wahre Naturwissenschaft kann ebensowenig aus dieser Trennung, sondern ihrerseits ebenso nur aus der Identität der Seele und des Leibes aller Dinge [d.h. aus der Idee] hervorgehen [denn was in allen Dingen der Natur lebt, ist ebenso nur die Idee, wie das, was in der Seele lebt]: so daß zwischen Physik und Psychologie kein realer Gegensatz denkbar ist. Selbst aber wenn man diesen zugeben wollte, würde man doch von der Psychologie so wenig als etwa von der Physik in derselben Entgegensetzung begreifen, wie sie an die Stelle der Philosophie gesetzt werden könnte.

Da die Psychologie die Seele nicht in der Idee, sondern der Erscheinungsweise nach und allein im Gegensatz gegen dasjenige kennt, womit sie in jener eins ist, so hat sie die notwendige Tendenz, alles im Menschen einem Kausalzusammenhang unterzuordnen, nichts zuzugeben, was unmittelbar aus dem Absoluten oder Wesen selbst käme, und hiermit alles Hohe und Ungemeine herabzuwürdigen, [um besonders jene Vorstellung ganz zur Reife zu bringen, nach welcher in dem Menschen nichts auf göttliche Art entsteht. Alles, was gegen die Philosophie als Erkenntnis und Wissenschaft des Absoluten so insgemein vorgebracht wird, stammt aus dieser Seelenlehre her, und dieselbe Anwendung läßt sich von ihr auf die Religion, auf die Kunst, auf die Tugend machen]. Die großen Taten [und Charaktere] der vergangenen Zeit [in dem herrlichen Leben der alten Welt] erscheinen, unter das psychologische Messer genommen, als das natürliche Resultat einiger ganz begreiflichen Motive. Die Ideen der Philosophie erklären sich aus mehreren sehr groben psychologischen Täuschungen. Die Werke der alten großen Meister der Kunst erscheinen als das natürliche Spiel einiger besondern Gemütskräfte, und wenn z.B. Shakespeare ein großer Dichter ist, so ist es wegen seiner vortrefflichen Kenntnis des menschlichen Herzens und seiner äußerst feinen Psychologie. Ein Hauptresultat dieser Lehre ist das allgemeine Applanierungssystem der Kräfte, [der Sanskülottismus]. Wozu soll es doch etwas wie Einbildungskraft, Genie usw. geben? Im Grunde sind doch alle einander gleich, und was man mit jenen Worten bezeichnet, ist doch nur das Übergewicht der einen Seelenkraft über die andere, und insofern eine Krankheit, eine Abnormität, [eigentlich nur eine Art des Wahnsinns, in der noch Methode ist], statt daß bei den vernünftigen, ordentlichen, nüchternen Menschen alles in behaglichem Gleichgewicht und darum in vollkommener Gesundheit ist.

601

Eine bloß empirische, auf Tatsachen beruhende, ebenso wie eine bloß analytische und formale Philosophie, kann überhaupt nicht zum Wissen bilden; eine einseitige Philosophie wenigstens nicht zum absoluten Wissen, da sie vielmehr für alle Gegenstände desselben nur einen eingeschränkten Gesichtspunkt bestimmt.

Die Möglichkeit einer zwar spekulativen, aber übrigens beschränkten Philosophie ist dadurch gegeben, daß, weil alles in allem wiederkehrt und auf allen möglichen Stufen dieselbe Identität nur unter verschiedenen Gestalten sich wiederholt, diese an einem untergeordneten Punkt der Reflexion aufgefaßt und in der besondern Form, in der sie auf diesem erscheint, zum Prinzip der absoluten Wissenschaft gemacht werden kann. Die Philosophie, die aus einem solchen Prinzip hervorgeht, ist spekulativ, weil es nur der Abstraktion von der Beschränktheit der Auffassung und des Denkens der besondern Identität in der Absolutheit bedarf, um sich zu dem rein und schlechthin Allgemeinen zu erheben; sie ist einseitig, inwiefern sie dies nicht tut und von dem Ganzen ein nach diesem Gesichtspunkt verzogenes und verschobenes Bild entwirft.

Die neuere Welt ist allgemein die Welt der Gegensätze, und wenn in der alten, aller einzelnen Regungen ungeachtet, doch im Ganzen das Unendliche mit dem Endlichen unter einer gemeinschaftlichen Hülle vereinigt liegt, so hat der Geist der späteren Zeit zuerst diese Hülle gesprengt und jenes in absoluter Entgegensetzung mit diesem erscheinen lassen. Von der unbestimmbar größeren Bahn, welche dieser durch das Schicksal vorgezeichnet ist, übersehen wir nur einen so kleinen Teil, daß uns der Gegensatz leicht als das Wesentliche und die

Einheit, in die er sich aufzulösen bestimmt ist, jederzeit nur als einzelne Erscheinung auffallen kann. Dennoch ist gewiß, daß diese höhere Einheit, welche der gleichsam aus der unendlichen Flucht zurückgerufene Begriff mit dem Endlichen darstellen wird, gegen die gewissermaßen bewußtlos und noch vor der Trennung vorhandene Identität der alten Welt sich im Ganzen wiederum ebenso wie das Kunstwerk zu dem organischen Werk der Natur verhalten wird. Hiermit sei es übrigens wie es wolle, so ist offenbar, daß in der neueren Welt Wieder-Erscheinungen notwendig sind, in denen der reine Gegensatz hervortritt: es ist notwendig sogar, daß dieser in der Wissenschaft wie in der Kunst unter den verschiedensten Formen immer wiederkehre, bevor er sich zur wahrhaft absoluten Identität verklärt hat.

Der Dualismus, als eine nicht nur überhaupt, sondern auch in seiner Wiederkehr notwendige Erscheinung der neueren Welt, muß also das Übergewicht durchaus auf seiner Seite haben, wie denn die in einzelnen Individuen durchgebrochene Identität fast für nichts gerechnet werden kann, da diese ja von ihrer Zeit ausgestoßen und verbannt, von der Nachwelt nur als merkwürdige Beispiele des Irrtums begriffen worden sind.

Da in dem Verhältnis, in welchem die großen Objektivitäten der Staatsverfassungen und selbst des allgemeinen religiösen Vereins verschwanden, sich das göttliche Prinzip von der Welt zurückzog, so konnte in dem Äußeren der Natur nichts als der reine entseelte Leib des Endlichen zurückbleiben, das Licht hatte sich ganz nach innen gewandt und die Entgegensetzung des Subjektiven und Objektiven mußte ihren höchsten Gipfel erreichen. Wenn man von Spinoza absieht, so ist seit Cartesius, in welchem die Entzweiung sich wissenschaftlich bestimmt ausgesprochen hatte[20], bis auf diese Zeit keine ihr entgegengesetzte Erscheinung, da auch Leibniz seine Lehre in einer Form aussprach, die der Dualismus sich wieder aneignen konnte. Durch diese Zerreißung der Idee hatte auch das Unendliche seine Bedeutung verloren [die für die Vernunft] und diejenige, die es hatte, war ebenso wie jene Entgegensetzung selbst eine bloß subjektive. Diese Subjektivität vollkommen bis zur gänzlichen Verneinung der Realität des Absoluten geltend zu machen, war der erste Schritt, der zur Wiederherstellung

20 Vgl. Über das Verhältnis der Naturphilosophie zur Philosophie usw., I. V, 116 und Über das Wesen der philos. Kritik, I. V, 15. A. d. O.

der Philosophie geschehen konnte und durch die sogenannte kritische
Philosophie wirklich geschehen ist. Der Idealismus der Wissenschaftslehre hat nachher diese Richtung der Philosophie vollendet. Der Dualismus nämlich ist auch in dem letztern unaufgehoben zurückgeblieben.
Aber das Unendliche oder Absolute im Sinn des Dogmatismus ist bestimmter und mit der letzten Wurzel von Realität, die es in jenem
hatte, aufgehoben worden. Als das An-sich mußte es ein absolut- Objektives schlechthin außer dem Ich sein. Dies ist undenkbar, indem ja
eben dieses außer-dem-Ich-Setzen wieder ein Setzen für das Ich und
demnach auch im Ich ist[21]. Dieses ist der ewige und unauflösliche
Zirkel der Reflexion, der durch die Wissenschaftslehre aufs vollkommenste dargestellt ist. Die Idee des Absoluten ist in die Subjektivität,
die sie der Richtung der spätern Philosophie zufolge notwendig hatte,
und aus welcher sie nur durch einen sich selbst mißverstehenden
Dogmatismus scheinbar gesetzt worden war, dadurch restituiert, daß
sie als eine bloß im Handeln und für das Handeln stattfindende Realität
anerkannt ist, und man muß demnach den Idealismus in dieser Form
als die vollkommen ausgesprochene, zum Bewußtsein ihrer selbst ge-
kommene Philosophie der neuern Welt betrachten.

Im Cartesius, welcher ihr die erste Richtung auf die Subjektivität
durch das cogito ergo sum gab, und dessen Einleitung der Philosophie
(in seinen Meditationen) mit den späteren Begründungen derselben
im Idealismus in der Tat ganz gleichlautend ist, konnten sich die
Richtungen noch nicht rein gesondert darstellen, die Subjektivität von
der Objektivität nicht vollkommen geschieden erscheinen. Aber seine
eigentliche Absicht, seine wahre Vorstellung von Gott, Welt, Seele hat
er deutlicher als durch seine Philosophie, über welche man ihn wegen
des Ruhens auf dem ontologischen Beweis der Realität Gottes, dieses
Restes echter Philosophie, noch mißverstehen konnte, in seiner Physik
ausgesprochen. Merkwürdig muß es allgemein erscheinen, daß durch
denselbigen Geist, in welchem der Dualismus der Philosophie sich
entschieden ausbildete, die mechanische Physik in der neueren Welt
zuerst die Gestalt des Systems annahm. Mit dem umfassenden Geist
des Cartesius ließe sich die Annihilation der Natur, welcher sich der
Idealismus in der oben angegebenen Gestalt rühmt, ebenso wahr und

21 Vgl. Über das Verhältnis der Naturphilosophie usw. I. V, S. 110. A. d.
    O.

faktisch machen, als sie es in seiner Physik wirklich war. Es kann nämlich für die Spekulation nicht den geringsten Unterschied machen, ob die Natur in ihrer empirischen Gestalt, im realen Sinn oder im idealen wirklich ist. Es ist völlig gleichgültig, ob die einzelnen wirklichen Dinge auf die Weise wirklich sind, wie sie ein grober Empirismus sich denkt, oder ob sie nur als Affektionen und Bestimmungen *eines jeden* Ich, als der absoluten Substanz, diesem aber wirklich und real inhärieren.

Die wahre *Vernichtung* der Natur ist allerdings die, sie zu einem Ganzen absoluter Qualitäten, Beschränktheiten und Affektionen zu machen, welche gleichsam für ideale Atomen gelten können. Im übrigen bedarf es keines Beweises, daß eine Philosophie, die irgend einen Gegensatz zurückläßt und nicht wahrhaft die absolute Harmonie hergestellt hat, auch nicht zum *absoluten* Wissen durchgedrungen sei und noch weniger dazu bilden könne.

Die Aufgabe, die sich jeder setzen muß, unmittelbar, wie er zur Philosophie gelangt, ist: die Eine wahrhaft absolute Erkenntnis, die ihrer Natur nach auch eine Erkenntnis des Absoluten ist, bis zur Totalität und bis zum vollkommnen Begreifen des Allen in Einem zu verfolgen. Die Philosophie öffnet in dem Absoluten und der Entfernung aller Gegensätze, wodurch dieses selbst wieder, es sei auf subjektive oder objektive Weise, in eine Beschränktheit verwandelt worden ist, nicht nur überhaupt das Reich der Ideen, sondern auch den wahren Urquell aller Erkenntnis der Natur, welche von jenen selbst pur das Werkzeug ist.

Ich habe die letzte Bestimmung der neuern Welt schon im Vorhergehenden ausgesprochen, eine höhere, wahrhaft alles begreifende, Einheit darzustellen; sie gilt ebenso sehr für die Wissenschaft als für die Kunst, und eben damit jene sei, müssen alle Gegensätze sich entzweien.

Bisher war von innern Gegensätzen in der Philosophie selbst die Rede, ich werde noch einiger äußeren erwähnen müssen, welche ihr Einseitigkeit, falsche Richtung der Zeit und unvollkommne Begriffe gegeben haben.

605

7. Über einige äußere Gegensätze der Philosophie, vornehmlich den der positiven Wissenschaften

Als ein äußerer Gegensatz der Philosophie ist der schon früher angeführte von Wissen und Handeln, in seiner Anwendung auf jene, zu betrachten. Dieser ist keineswegs ein solcher, der in dem Geist der modernen Kultur überhaupt gegründet wäre, er ist ein Produkt der neuesten Zeit, ein unmittelbarer Sprößling der wohlbekannten Aufklärerei. Dieser Richtung zufolge gibt es eigentlich nur eine praktische und keine theoretische Philosophie. Wie Kant, nachdem er in der theoretischen Philosophie die Idee Gottes, der Ewigkeit der Seele usw. zu bloßen Ideen gemacht hatte, diesen dagegen in der sittlichen Gesinnung eine Art von Beglaubigung zu geben suchte, so spricht sich in jenen Bestrebungen nur die endlich glückliche Erreichung der vollkommenen Befreiung von Ideen aus, für welche eine angebliche Sittlichkeit das Äquivalent sein soll.

Sittlichkeit ist Gottähnliche Gesinnung, Erhebung über die Bestimmung durch das Konkrete ins Reich des schlechthin Allgemeinen. Philosophie ist gleiche Erhebung, und darum mit der Sittlichkeit innig eins, nicht durch Unterordnung, sondern durch wesentliche und innere Gleichheit[22] Es ist nur Eine Welt, welche so, wie sie im Absoluten ist, 606 jedes in seiner Art und Weise abzubilden strebt, das Wissen als Wissen, das Handeln als Handeln. Die Welt des letzten ist daher in sich ebenso absolut als die des ersten, und die Moral eine nicht minder spekulative Wissenschaft als die theoretische Philosophie. Jede besondere Pflicht entspricht einer besondern Idee und ist eine Welt für sich, wie jede Gattung in der Natur ihr Urbild hat, dem sie so viel möglich ähnlich zu sein trachtet. Die Moral kann daher so wenig als Philosophie ohne Konstruktion gedacht werden. Ich weiß, daß eine Sittenlehre in diesem Sinne noch nicht existiert, aber die Prinzipien und Elemente einer solchen liegen in der hergestellten Absolutheit der Philosophie.

Die Sittlichkeit wird in der allgemeinen Freiheit objektiviert, und diese ist selbst nur gleichsam die öffentliche Sittlichkeit. Die Konstruk-

---

22 Man vgl. Über das Verhältnis der Naturphilosophie zur Philosophie überhaupt, I. V, 122. A. d. O.

tion dieser sittlichen Organisation ist eine ganz gleiche Aufgabe mit der Konstruktion der Natur und ruht auf spekulativen Ideen. Der Zerfall der äußern und innern sittlichen Einheit müßte sich durch den Zerfall der Philosophie und die Auflösung der Ideen ausdrücken. Solange es aber nur die sichtbare Ohnmacht ist, welche die Sache des gemeinen Verstandes, da er in seiner natürlichen Gestalt nicht mehr erscheinen kann, unter dem erborgten Namen der Sittlichkeit führt, ist dieser kraftlose Chor nur die notwendige, der Schwachheit zugegebene Begleitung des energischen Rhythmus der Zeit.

Die Sittlichkeit, nachdem der Begriff derselben lange genug bloß negativ gewesen, in ihren positiven Formen zu offenbaren, wird ein Werk der Philosophie sein. Die Scheu vor der Spekulation, das angebliche Forteilen vom bloß Theoretischen zum Praktischen, bewirkt im Handeln notwendig die gleiche Flachheit wie im Wissen. Das Studium einer streng theoretischen Philosophie macht uns am unmittelbarsten mit Ideen vertraut, und nur Ideen geben dem Handeln Nachdruck und sittliche Bedeutung.

Ich erwähne noch eines andern äußeren Gegensatzes, den die Philosophie gefunden hat, des der Religion. Nicht in dem Sinn, in welchem zu anderer Zeit Vernunft und Glauben im Widerstreit vorgestellt wurden, sondern in einem, neueren Ursprungs, nach welchem Religion als reine Anschauung des Unendlichen, und Philosophie, welche als Wissenschaft notwendig aus der Identität derselben herausgeht, entgegengesetzt werden. Wir suchen vorerst, uns diesen Gegensatz verständlich zu machen, um nachher zu finden, worauf es mit ihm abgesehen sei.

Daß die Philosophie ihrem Wesen nach ganz in der Absolutheit ist und auf keine Weise aus ihr herausgeht, ist eine vielfach ausgesprochene Behauptung. Sie kennt vom Unendlichen zum Endlichen keinen Übergang, und beruht ganz auf der Möglichkeit, die Besonderheit in der Absolutheit und diese in jener zu begreifen, welches der Grund der Lehre von den Ideen ist. »Aber eben daß der Philosoph die Besonderheit in der Absolutheit darstellt und nicht unmittelbar wie von Natur jene in dieser und diese in jener anschaut, setzt schon eine vorhergegangene Differenzierung und ein Herausgehen aus der Identität voraus.« Nach dieser näheren Bestimmung würde der höchste Zustand des Geistes in bezug auf das Absolute ein so viel möglich bewußtloses Brüten oder ein Stand der gänzlichen Unschuld sein müssen, in welchem jenes Anschauen sich sogar selbst nicht als Religion begriffe, weil damit schon Reflexion und ein Heraustreten aus der Identität gesetzt wäre.

Nachdem also die Philosophie die Idee des Absoluten hergestellt, von der Beschränkung der Subjektivität befreit und in objektiven Formen, soweit ihr dies verstattet ist, darzustellen versucht hat, ist jenes als ein neues und gleichsam das letzte Mittel der Subjektivierung ergriffen worden, die Wissenschaft zu verachten, weil diese allgemeingültig, der Formlosigkeit entgegengesetzt, und mit Einem Wort, weil sie Wissenschaft ist. Es ist nicht zu verwundern, daß in einem Zeitalter, wo ein bestimmter Dilettantismus sich fast über alle Gegenstände verbreitet hat, auch das Heiligste ihm nicht entgehen konnte, und diese Art des Nichtkönnens oder Nichtwollens sich in die Religion zurückzieht, um den höheren Anforderungen zu entgehen.

Preis denen, die das Wesen der Religion neu verkündet, mit Leben und Energie dargestellt und ihre Unabhängigkeit von Moral und Philosophie behauptet haben! Wenn sie wollen, daß Religion nicht durch Philosophie erlangt werde, so müssen sie mit dem gleichen Grunde wollen, daß Religion nicht die Philosophie geben oder an ihre Stelle treten könne. Was unabhängig von allem objektiven Vermögen erreicht werden kann, ist jene Harmonie mit sich selbst, die zur innern Schönheit wird; aber. diese auch objektiv, es sei in Wissenschaft oder Kunst, darzustellen, ist eine von jener bloß subjektiven Genialität sehr verschiedene Aufgabe. Die daher ihr an sich löbliches Bestreben nach jener Harmonie oder wohl gar nur das lebhaft gefühlte Bedürfnis derselben für das Vermögen halten, sie auch äußerlich zu offenbaren, werden ohne die höhere Bedingung mehr nur die Sehnsucht nach Poesie und Philosophie, als sie selbst, ausdrücken, in beiden auf das Formlose wirken, in der Philosophie das System verrufen, das sie, gleicherweise, zu machen und als Symbolik zu verstehen unfähig sind.

Auch Poesie also und Philosophie, welche eine andere Art des Dilettantismus entgegensetzt, sind sich darin gleich, daß zu beiden ein aus sich selbst erzeugtes, ursprünglich ausgebornes Bild der Welt erfordert wird. Der größere Teil hält sich mit einem bloß sozialen Bild der Welt zur Kunst hinlänglich ausgerüstet und fähig die ewigen Ideen derselben auszudrücken: immer noch der bessere im Vergleich mit jenen, die ohne die geringste Erfahrung der Welt, mit der Einfalt der Kinder, trübselig dichten. Der Empirismus ist in der Poesie ebensowohl und

608

allgemeiner als in der Philosophie herrschend. Diejenigen, die auch etwa zufälligerweise in Erfahrung gebracht, daß alle Kunst von der Anschauung der Natur und des Universum aus und in sie zurückkehre, halten dieser Vorstellung zufolge die einzelnen Erscheinungen oder überhaupt Besonderheiten für die Natur, und meinen, die ihr eingeborne Poesie aufs vollkommenste zu fassen, indem sie jene zu Allegorien von Empfindungen und Gemütszuständen machen, womit denn, wie leicht zu sehen, dem Empirismus und der Subjektivität, beiden ihr höchstes Recht widerfährt.

In der obersten Wissenschaft ist alles eins und ursprünglich verknüpft, Natur und Gott, Wissenschaft und Kunst, Religion und Poesie, und wenn sie in sich alle Gegensätze aufhebt, steht sie auch mit nichts anderem nach außen in wahrhafter oder anderer Entgegensetzung, als welche die Unwissenschaftlichkeit, der Empirismus, oder eine oberflächliche Liebhaberei, ohne Gestalt und Ernst, machen mögen.

Die Philosophie ist unmittelbare Darstellung und Wissenschaft des Urwissens selbst, aber sie ist es nur *ideal*, nicht real. Könnte die Intelligenz, in Einem Akt des Wissens, das absolute Ganze, als ein in allen Teilen vollendetes System *real* begreifen, so hörte sie eben damit auf endlich zu sein, sie begriffe Alles wirklich als Eines, aber sie begriffe eben deswegen Nichts als Bestimmtes.

Die *reale* Darstellung des Urwissens ist *alles andere* Wissen, von jenem durch das Element des Konkreten geschieden, aber in diesem herrscht auch die Absonderung und Trennung, und es kann nie in dem Individuum real eins werden, sondern allein in der Gattung, und auch in dieser nur für eine intellektuelle Anschauung, die den unendlichen Fortschritt als Gegenwart erblickt.

Nun ist aber allgemein einzusehen, daß das reell-Werden einer Idee in beständigem Fortschritt, so daß zwar nie das Einzelne, aber doch das Ganze ihr angemessen ist, sich als *Geschichte* ausdrücke. Geschichte ist weder das rein Verstandes-Gesetzmäßige, dem Begriff Unterworfene, noch das rein Gesetzlose, sondern was, mit dem Schein der Freiheit im Einzelnen, Notwendigkeit im Ganzen verbindet. Das *wirkliche* Wissen, da es sukzessive Offenbarung des Urwissens ist, hat demnach notwendig eine historische Seite, und inwiefern alle Geschichte auf die Realisierung eines äußern Organismus als Ausdrucks von Ideen geht, hat die Wissenschaft auch das notwendige Streben, sich eine objektive Erscheinung und äußere Existenz [einen äußern Organismus] zu geben.

Diese äußere Erscheinung kann nur der Abdruck des innern Organismus des Urwissens selbst, und also der Philosophie sein, nur daß sie getrennt darstellt, was in jenem, und ebenso in dieser, eines ist.

Wir haben demnach vorerst den innern Typus der Philosophie von dem gemeinschaftlichen Quell der Form und des Stoffes abzuleiten, um jenem gemäß die Form eines äußern Organismus, in welchem das Wissen wahrhaft objektiv wird, zu bestimmen.

610

Die reine Absolutheit für sich ist notwendig auch reine Identität, aber die absolute Form dieser Identität ist: sich selbst auf ewige Weise Subjekt und Objekt zu sein; dieses können wir als bereits bewiesen voraussetzen. Nicht das Subjektive oder Objektive in diesem ewigen Erkenntnisakt, als solches, ist die Absolutheit, sondern das, was von beiden das gleiche Wesen ist, und was eben deswegen durch keine Differenz getrübt wird. Dieselbe identische Wesenheit ist in dem, was wir die objektive Seite jenes absoluten Produzierens nennen können, als Idealität in die Realität, und in dem, was die subjektive, als Realität in die Idealität gebildet, so daß in jeder von beiden die gleiche Subjekt-Objektivität, und in der absoluten Form auch das ganze Wesen des Absoluten gesetzt ist[23].

Bezeichnen wir diese zwei Seiten als zwei Einheiten, so ist das Absolute an sich weder die eine noch die andere dieser Einheiten, denn es selbst ist ja eben nur die Identität, das gleiche Wesen einer jeden auch selbst nicht bloß die Indifferenz und dadurch beides, und demnach sind beide im Absoluten, obwohl auf eine nicht unterschiedene Weise, da in beiden der Form und dem Wesen nach dasselbige ist.

Wird nun das Absolute als dasjenige aufgefaßt, was an sich reine Identität, aber als diese zugleich das notwendige Wesen der beiden Einheiten ist, so haben wir damit den absoluten Indifferenzpunkt der Form und des Wesens aufgefaßt, denjenigen, von dem alle Wissenschaft und Erkenntnis ausfließt[24].

Jede der beiden Einheiten ist in der Absolutheit, was die andere ist. Aber so notwendig die wesentliche Einheit beider der Charakter der Absolutheit selbst ist, so notwendig ist es, daß beide in der Nicht-Absolutheit als Nicht-eines und verschieden erscheinen. Denn gesetzt in der Erscheinung würde nur die eine unterschieden, so wäre diese auch

23   Vgl. Ober die Konstruktion in der Philosophie, I. V, 136. A. d. O.
24   a. a. O., S. 131. A. d. O.

als die eine im Absoluten; demnach als ausschließend die entgegengesetzte, und sonach selbst als nicht absolut; welches gegen die Voraussetzung ist.

Beide differenzieren sich also für die Erscheinung notwendig, wie
sich das absolute Leben der Weltkörper durch zwei relativverschiedene
Brennpunkte ausdrückt. Die Form, die in der Absolutheit mit dem
Wesen eines und es selbst war, wird als Form unterschieden. In der
ersten als Einbildung der ewigen Einheit in die Vielheit, der Unendlichkeit in die Endlichkeit. Dieses ist die Form der Natur, welche, wie sie
erscheint, jederzeit nur ein Moment oder Durchgangspunkt in dem
ewigen Akt der Einbildung der Identität in die Differenz ist. Rein für
sich betrachtet ist sie die Einheit, wodurch sich die Dinge oder Ideen
von der Identität als ihrem Zentro entfernen und in sich selbst sind.
Die Naturseite ist also an sich selbst nur die eine Seite aller Dinge.

Die Form der andern Einheit wird als Einbildung der Vielheit in
die Einheit, der Endlichkeit in die Unendlichkeit unterschieden und
ist die der idealen oder geistigen Welt. Diese rein für sich. betrachtet
ist die Einheit, wodurch die Dinge in die Identität als ihr Zentrum
zurückgehen und im Unendlichen sind, wie sie durch die erste in sich
selbst sind.

Die Philosophie betrachtet die beiden Einheiten nur in der Absolutheit, und demnach auch nur in idealer, nicht reeller Entgegensetzung.
Ihr notwendiger Typus ist: den absoluten Zentralpunkt gleicherweise
in den beiden relativen und hinwiederum diese in jenem darzustellen,
und diese Grundform, welche im Ganzen ihrer Wissenschaft herrschend
ist, wiederholt sich notwendig auch im Einzelnen.

Dieser innere Organismus des Urwissens und der Philosophie ist es
nun auch, welcher in dem äußeren Ganzen der Wissenschaften sich
ausdrücken und durch Trennung und Verbindung derselben zu einem
Körper konstruieren muß.

Alles Objektivwerden des Wissens geschieht nur durch Handeln,
welches selbst wieder sich äußerlich durch ideale Produkte ausdrückt.
Das allgemeinste derselben ist der Staat, der, wie schon früher bemerkt
wurde, nach dem Urbild der Ideenwelt geformt ist. Aber eben weil der
Staat selbst nur ein objektiv gewordenes Wissen ist, begreift er notwendig in sich wieder einen äußern Organismus für das Wissen als solches,
gleichsam einen idellen und geistigen Staat: die Wissenschaften aber,
insofern sie durch oder in bezug auf den Staat Objektivität erlangen,

heißen positive Wissenschaften. Der Übergang in die Objektivität setzt notwendig die allgemeine Trennung der Wissenschaften als besonderer, 612 da sie nur im Urwissen eins sind. Aber der äußere Schematismus ihrer Trennung und ihrer Vereinigung muß doch wieder nach dem Bild des innern Typus der Philosophie entworfen sein. Nun beruht dieser vorzüglich auf drei Punkten, dem absoluten Indifferenzpunkt, in welchem reale und ideale Welt als eins erblickt werden, und den zwei nur relativ oder ideell entgegengesetzten, wovon der eine der im Realen ausgedrückte absolute und das Zentrum der realen Welt, der andere der im Idealen ausgedrückte absolute und das Zentrum der idealen Welt ist. Es wird also auch der äußere Organismus des Wissens vorzüglich auf drei voneinander geschiedenen und doch äußerlich verbundenen Wissenschaften beruhen.

Die erste, welche den absoluten Indifferenzpunkt objektiv darstellt, wird die unmittelbare Wissenschaft des absoluten und göttlichen Wesens, demnach die Theologie, sein.

Von den beiden andern wird diejenige, welche die reelle Seite der Philosophie für sich nimmt und diese äußerlich repräsentiert, die Wissenschaft der Natur, und insofern diese nicht nur überhaupt sich in der des Organismus konzentriert, sondern auch, wie nachher näher gezeigt werden soll, nur in der Beziehung auf denselben positiv sein kann, die Wissenschaft des Organismus, also die Medizin, sein.

Die, welche die ideelle Seite der Philosophie in sich getrennt objektiviert, wird allgemein die Wissenschaft der Geschichte, und inwiefern das vorzüglichste Werk der letzten die Bildung der Rechtsverfassung ist, die Wissenschaft des Rechts, oder die Jurisprudenz, sein.

Insofern die Wissenschaften durch den Staat und in ihm eine wirklich objektive Existenz erlangen, eine Macht werden, heißen die Verbindungen für jede derselben insbesondere *Fakultäten*. Um von den Verhältnissen derselben untereinander das Nötige zu bemerken, besonders da Kant in der Schrift: Streit der Fakultäten, diese Frage nach sehr einseitigen Gesichtspunkten betrachtet zu haben scheint, so ist offenbar, daß die Theologie, als diejenige, in welcher das Innerste der Philosophie objektiviert ist, die erste und oberste sein müsse: insofern das Ideale 613 die höhere Potenz des Realen ist, folgt, daß die juridische Fakultät der medizinischen vorangehe. Was aber die philosophische betrifft, so ist meine Behauptung, daß es überhaupt keine solche gebe noch geben könne, und der ganz einfache Beweis dafür ist: daß das, was alles ist, eben deswegen nichts insbesondere sein kann [sowie daß Philosophie nur freier Verein].

Es ist die Philosophie selbst, welche in den drei positiven Wissenschaften objektiv wird, aber sie wird durch keine einzelne derselben in ihrer Totalität objektiv. Die wahre Objektivität der Philosophie in ihrer Totalität ist nur die Kunst; es könnte also auf jeden Fall keine philosophische, sondern nur eine Fakultät der Künste geben. Allein die Künste können nie eine äußere Macht und ebensowenig durch den Staat privilegiert als beschränkt sein. [Dies ist nur mit den drei ersten Wissenschaften der Fall. Nur der Philosophie ist der Staat unbedingte Freiheit schuldig, er wollte sie denn ganz vernichten, welches das größte Unglück der übrigen Wissenschaften sein würde.] Es gibt also nur freie Verbindungen für die Kunst: und dies war auch auf den älteren Universitäten der Sinn der jetzt sogenannten philosophischen Fakultät, welche Collegium Artium hieß, wie die Mitglieder desselben Artisten. Diese Verschiedenheit der philosophischen Fakultät von den übrigen hat sich bis jetzt noch darin erhalten, daß jene nicht wie diese privilegierte, dagegen auch in Staatspflicht genommene Lehrer (Doctores), sondern Meister (Magistros) der freien Künste kreiert.

Man könnte sich über die aufgestellte Behauptung auch darauf berufen, daß, wo philosophische Fakultäten sich nicht, ihrer ersten Bestimmung gemäß, als freie Vereinigungen für die Kunst, betrachtet haben, und der besondere Geist der Innung in ihnen herrschend war, sie im Ganzen und Einzelnen Karikatur und Gegenstand des allgemeinen Spottes wurden, da sie ihrem Beruf nach billig die höchste und allgemeinste Achtung genießen sollten.

Daß Theologie und Jurisprudenz eine positive Seite haben, wird allgemein angenommen; verwickelter ist es, dieselbe für die Naturwissenschaft aufzuzeigen. Die Natur ist eine geschlossene in sich ruhende Objektivwerdung des Urwissens; ihr Gesetz ist die Endlichkeit wie das der Geschichte die Unendlichkeit. Hier kann also das Historische des Wissens nicht in den Gegenstand an und für sich, sondern nur in das Subjekt fallen: die Natur handelt immer in ihrer Integrität und mit offenbarer Notwendigkeit, und inwiefern ein einzelnes Handeln oder eine Begebenheit als solche in ihr gesetzt werden soll, muß es durch die Bestimmung des Subjekts geschehen. Ein solches Bestimmen der Natur zum Handeln, unter gewissen Bedingungen mit Ausschluß anderer, ist, was Experiment heißt. Dieses also gibt der Naturlehre eine historische Seite, da es eine veranstaltete Begebenheit ist, von welcher, wer sie veranstaltet, den Zeugen macht. Aber auch in diesem Sinne hat die Naturwissenschaft doch nicht jene äußere Existenz wie z.B. die Rechtsgelehrsamkeit; sie wird daher zu den positiven nur insofern gezählt, als das Wissen in ihr zur äußern und öffentlichen Pflicht wird. Dieses ist allein in der Medizin der Fall.

Damit haben wir den ganzen Körper der positiven Wissenschaften in seinem Gegensatz gegen Philosophie und den Widerstreit des absoluten und historischen Wissens in seiner ganzen Ausdehnung. Was im Allgemeinen über die Behandlung aller besondern Fächer im Geist der Ein- und Allheit gesagt wurde, wird erst jetzt die Probe der Ausführbarkeit bestehen und seiner Möglichkeit nach gerechtfertigt werden müssen.

615

8. Über die historische Konstruktion des

Christentums

Die realen Wissenschaften überhaupt können von der absoluten als der idealen allein durch das historische Element geschieden oder besondere sein. Aber die Theologie hat außer dieser allgemeinen Beziehung auf die Geschichte noch eine, die ihr ganz eigentümlich ist und zu ihrem Wesen insbesondere gehört.

Da sie als das wahre Zentrum des Objektivwerdens der Philosophie vorzugsweise in spekulativen Ideen ist, so ist sie überhaupt die höchste Synthese des philosophischen und historischen Wissens; und als solche sie darzustellen, ist der Hauptzweck folgender Betrachtungen.

Ich gründe die historische Beziehung der Theologie nicht allein darauf: daß der erste Ursprung der Religion überhaupt so wie jeder andern Erkenntnis und Kultur allein aus dem Unterricht höherer Naturen begreiflich ist, alle Religion also in ihrem ersten Dasein schon Überlieferung war; denn was die sonst gangbaren empirischen Erklärungsarten betrifft, deren einige die erste Idee von Gott oder Göttern aus Furcht, aus Dankbarkeit oder andern Gemütsbewegungen, andere durch eine schlaue Erfindung der ersten Gesetzgeber entstehen lassen, so begreifen jene die Idee Gottes überhaupt nur als die psychologische Erscheinung, so wie diese weder erklären, wie nur überhaupt jemand zuerst den Gedanken gefaßt, sich zum Gesetzgeber eines Volkes zu machen, noch wie er Religion insbesondere als Schreckmittel zu brauchen sich einfallen lassen konnte, ohne zuvor die Idee derselben aus einer andern Quelle zu haben. Unter der Menge falscher und ideenloser Versuche der letzten Zeit stehen die sogenannten Geschichten der Menschheit oben an, welche ihre Vorstellungen von dem ersten Zustand unsers Geschlechts von den aus Reisebeschreibungen kompilierten Zügen der Roheit wilder Völker hernehmen, welche daher auch in ihnen die vornehmste Rolle spielen. Es gibt keinen Zustand der Barbarei, der nicht aus einer untergegangenen Kultur herstammte. Den künftigen Bemühungen der Erdgeschichte ist es vorbehalten zu zeigen, wie auch jene in einem Zustand der Wildheit lebenden Völker nur von dem Zusammenhang mit der übrigen Welt durch Revolutionen losgerissene und zum Teil zersprengte Völkerschaften sind, die der Verbindung und der schon erworbenen Mittel der Kultur beraubt in den gegenwärtigen Zustand zurücksanken. Ich halte den Zustand der Kultur durchaus für den ersten des Menschengeschlechts, und die erste Gründung der Staaten, der Wissenschaften, der Religion und der Künste für gleichzeitig oder vielmehr für eins, so daß dies alles nicht wahrhaft gesondert, sondern in der vollkommensten Durchdringung war, wie es einst in der letzten Vollendung wieder sein wird.

Auch darauf gründet sich die historische Beziehung der Theologie nicht allein, daß die besondern Formen des Christentums, in welchen die Religion unter uns existiert, nur geschichtlich erkannt werden können.

Die absolute Beziehung ist, daß in dem Christentum das Universum überhaupt als *Geschichte*, als moralisches Reich, angeschaut wird, und daß diese allgemeine Anschauung den Grundcharakter desselben ausmacht. Vollkommen können wir dies nur im Gegensatz gegen die Religion hauptsächlich des griechischen Altertums einsehen. Wenn ich der noch ältern, vorzüglich der Indischen nicht erwähne, so ist es, weil sie in dieser Beziehung keinen Gegensatz bildet, ohne deswegen, nach meiner Meinung, die Einheit zu sein. Die Ansicht von dieser hier vollständig mitzuteilen, erlauben die notwendigen Schranken dieser Untersuchung nicht, wir werden sie daher nur beiläufig aussprechen oder berühren können. Die Mythologie der Griechen war eine geschlossene Welt von Symbolen der Ideen, welche real nur als Götter angeschaut werden können. Reine Begrenzung von der einen und ungeteilte

Absolutheit von der andern Seite ist das bestimmende Gesetz jeder einzelnen Göttergestalt, eben so wie der Götterwelt im Ganzen. Das Unendliche wurde nur im Endlichen angeschaut und auf diese Weise selbst der Endlichkeit untergeordnet. Die Götter waren Wesen einer hohem Natur, bleibende unwandelbare Gestalten. Ganz anders ist das Verhältnis einer Religion, die auf das Unendliche unmittelbar an sich selbst geht, in welcher das Endliche nicht als Symbol des Unendlichen, zugleich um seiner selbst willen, sondern nur als Allegorie des ersten und in der gänzlichen Unterordnung unter dasselbe gedacht wird. Das Ganze, worin die Ideen einer solchen Religion objektiv werden, ist notwendig selbst ein Unendliches, keine nach allen Seiten vollendete und begrenzte Welt: die Gestalten nicht bleibend, sondern erscheinend, nicht ewige Naturwesen, sondern historische Gestalten, in denen sich das Göttliche nur vorübergehend offenbaret, und deren flüchtige Erscheinung allein durch den Glauben festgehalten werden kann, niemals aber in eine absolute Gegenwart verwandelt wird.

Da, wo das Unendliche selbst endlich werden kann, kann es auch Vielheit werden; es ist Polytheismus möglich: da, wo es durch das Endliche nur bedeutet wird, bleibt es notwendig eins, und es ist kein Polytheismus als ein Zugleichsein göttlicher Gestalten möglich. Er entspringt durch Synthese der Absolutheit mit der Begrenzung, so daß in derselben weder die Absolutheit der Form nach noch die Begrenzung aufgehoben wird. In einer Religion wie das Christentum kann diese nicht von der Natur hergenommen werden, da sie das Endliche überhaupt nicht als Symbol des Unendlichen und in unabhängiger Bedeutung begreift. Sie kann also nur von dem, was in die Zeit fällt, demnach der *Geschichte* hergenommen sein, und darum ist das Christentum seinem Innersten Geist nach und im höchsten Sinne historisch. Jeder besondere Moment der Zeit ist Offenbarung einer besonderen Seite Gottes, in deren jeder er absolut ist; was die griechische Religion als ein Zumal hatte, hat das Christentum als ein Nacheinander, wenn gleich die Zeit der Sonderung der Erscheinungen und mit ihr der Gestaltung noch nicht gekommen ist.

Es ist schon früher angedeutet worden, daß sich Natur und Geschichte überhaupt als die reale und ideale Einheit verhalten; aber ebenso verhält sich die Religion der griechischen Welt zu der christlichen, in welcher das Göttliche aufgehört hat sich in der Natur zu offenbaren und nur in der Geschichte erkennbar ist. Die Natur ist allgemein die

618

Sphäre des in-sich selbst-Seins der Dinge, in der diese, kraft der Einbildung des Unendlichen in ihr Endliches, als Symbole der Ideen zugleich ein von ihrer Bedeutung unabhängiges Leben haben. Gott wird daher in der Natur gleichsam exoterisch, das Ideale erscheint durch ein anderes als es selbst, durch ein Sein; aber nur inwiefern dieses Sein für das Wesen, das Symbol unabhängig von der Idee genommen wird, ist das Göttliche wahrhaft exoterisch, der Idee nach aber esoterisch. In der idealen Welt, also vornehmlich der Geschichte, legt das Göttliche die Hülle ab, sie ist das laut gewordene Mysterium des göttlichen Reiches.

Wie in den Sinnbildern der Natur lag in den griechischen Dichtungen die Intellektualwelt wie in einer Knospe verschlossen, verhüllt im Gegenstand und unausgesprochen im Subjekt. Das Christentum dagegen ist das geoffenbarte Mysterium und, wie das Heidentum seiner Natur nach exoterisch, ebenso seiner Natur nach esoterisch.

Mit dem Christentum mußte sich eben deswegen auch das ganze Verhältnis der Natur und der idealen Welt umkehren, und wie jene im Heidentum das Offenbare war, dagegen diese als Mysterium zurücktrat, so mußte im Christentum vielmehr, in dem Verhältnis als die ideelle Welt offenbar wurde, die Natur als Geheimnis zurücktreten. Den Griechen war die Natur unmittelbar und an sich selbst göttlich, weil auch ihre Götter nicht außer und übernatürlich waren. Der neueren Welt war sie verschlossen, weil diese sie nicht an sich selbst, sondern als Gleichnis der unsichtbaren und geistigen Welt begriff. Die lebendigsten Erscheinungen der Natur, wie die der Elektrizität und der Körper, wenn sie sich chemisch verändern, waren den Alten kaum bekannt, oder erweckten wenigstens unter ihnen nicht den allgemeinen Enthusiasmus, mit dem sie in der neueren Welt aufgenommen wurden[25] Die höchste Religiosität, die sich in dem christlichen Mystizismus ausdrückte, hielt das Geheimnis der Natur und das der Menschwerdung Gottes für eins und dasselbe.

Ich habe schon anderwärts (im System des transzendentalen Idealismus) gezeigt, daß wir überhaupt drei Perioden der Geschichte, die der Natur, des Schicksals und der Vorsehung, annehmen müssen. Diese drei Ideen drücken dieselbe Identität, aber auf verschiedene Weise aus.

25 Vgl. Über das Verhältnis der Naturphilosophie überhaupt, I. V, 121. A. d. O.

Auch das Schicksal ist Vorsehung, aber im Realen erkannt, wie die Vorsehung auch Schicksal ist, aber im Idealen angeschaut. Die ewige Notwendigkeit offenbart sich, in der Zeit der Identität mit ihr, als Natur, wo der Widerstreit des Unendlichen und Endlichen noch im gemeinschaftlichen Keim des Endlichen verschlossen ruht. So in der Zeit der schönsten Blüte der griechischen Religion und Poesie. Mit dem Abfall von ihr offenbart sie sich als Schicksal, indem sie in den wirklichen Widerstreit mit der Freiheit tritt. Dies war das Ende der alten Welt, deren Geschichte eben deswegen im Ganzen genommen als die tragische Periode betrachtet werden kann. Die neue Welt beginnt mit einem allgemeinen Sündenfall, einem Abbrechen des Menschen von der Natur. Nicht die Hingabe an diese selbst ist die Sünde, sondern, solange sie ohne Bewußtsein des Gegenteils ist, vielmehr das goldne Zeitalter. Das Bewußtsein darüber hebt die Unschuld auf und fordert daher auch unmittelbar die Versöhnung und die freiwillige Unterwerfung, in der die Freiheit als besiegt und siegend zugleich aus dem Kampf hervorgeht. Diese bewußte Versöhnung, die an die Stelle der bewußtlosen Identität mit der Natur und an die der Entzweiung mit dem Schicksal tritt und auf einer hohem Stufe die Einheit wiederherstellt, ist in der Idee der Vorsehung ausgedrückt. Das Christentum also leitet in der Geschichte jene Periode der Vorsehung ein, wie die in ihm herrschende Anschauung des Universum die Anschauung desselben als Geschichte und als einer Welt der Vorsehung ist.

Dies ist die große historische Richtung des Christentums: dies der Grund, warum die Wissenschaft der Religion in ihm von der Geschichte unzertrennlich, ja mit ihr völlig eins sein muß. Jene Synthese mit der Geschichte, ohne welche Theologie selbst nicht gedacht werden kann, fordert aber hinwiederum zu ihrer Bedingung die höhere christliche Ansicht der Geschichte.

Der Gegensatz, der insgemein zwischen Historie und Philosophie gemacht wird, besteht nur, solange die Geschichte als eine Reihe zufälliger Begebenheiten oder als bloß empirische Notwendigkeit begriffen wird: das Erste ist die ganz gemeine Ansicht, über die sich die andere zu erheben meint, da sie ihr an Beschränkung gleich ist. Auch die Geschichte kommt aus einer ewigen Einheit und hat ihre Wurzel ebenso im Absoluten wie die Natur oder irgend ein anderer Gegenstand des Wissens. Die Zufälligkeit der Begebenheiten und Handlungen findet der gemeine Verstand vorzüglich durch die Zufälligkeit der Individuen

620

begründet. Ich frage dagegen: was ist denn dieses oder jenes Individuum anders als eben das, welches diese oder jene bestimmte Handlung ausgeführt hat; einen andern Begriff gibt es von ihm nicht: war also die Handlung notwendig, so war es auch das Individuum. Was selbst von einem noch untergeordneten Standpunkt allein als frei und demnach objektiv zufällig in allem Handeln erscheinen kann, ist bloß, daß das Individuum von dem, was vorherbestimmt und notwendig ist, dieses Bestimmte gerade zu *seiner* Tat macht: übrigens aber, und was den Erfolg betrifft, ist es, im Guten wie im Bösen, Werkzeug der absoluten Notwendigkeit.

Die empirische Notwendigkeit ist nichts anderes als eine Art, die Zufälligkeit durch ein Zurückschieben der Notwendigkeit ins. Unendliche zu verlängern. Wenn wir diese Art der Notwendigkeit in der Natur nur für die Erscheinung gelten lassen, wie vielmehr in der Geschichte? Wer, von höherem Sinn, wird sich bereden, daß Begebenheiten, wie die Ausbildung des Christentums, die Völkerwanderung, die Kreuzzüge und so viele andere große Ereignisse, ihren wahren Grund in den empirischen Ursachen gehabt haben, die man gewöhnlich dafür 621 ausgibt? Und wenn diese wirklich obwalteten, so sind sie in dieser Beziehung wiederum nur die Werkzeuge einer ewigen Ordnung der Dinge.

Was von Geschichte überhaupt gilt, muß insbesondere von der der Religion gelten, nämlich daß sie in einer ewigen Notwendigkeit gegründet und also eine Konstruktion derselben möglich sei, wodurch sie mit der Wissenschaft der Religion innigst eins und verbunden wird.

Die historische Konstruktion des Christentums kann von keinem andern Punkt als der allgemeinen Ansicht ausgehen, daß das Universum überhaupt, und so auch inwiefern es Geschichte ist, notwendig nach zwei Seiten differenziert erscheine, und dieser Gegensatz, welchen die neuere Welt gegen die alte macht, ist für sich zureichend, das Wesen und alle besonderen Bestimmungen des Christentums einzusehen.

Die alte Welt ist insofern wieder die Naturseite der Geschichte, als die in ihr herrschende Einheit oder Idee Sein des Unendlichen im Endlichen ist. Der Schluß der alten Zeit und die Grenze einer neuen, deren herrschendes Prinzip das Unendliche war, konnte nur dadurch gemacht werden, daß das wahre Unendliche in das Endliche kam, nicht um dieses zu vergöttern, sondern um es in seiner eignen Person Gott zu opfern und dadurch zu versöhnen. Die erste Idee des Christentums ist daher der Menschgewordene Gott, Christus als Gipfel und Ende der alten Götterwelt. Auch er verendlicht in sich das Göttliche, aber er zieht nicht die Menschheit in ihrer Hoheit, sondern in ihrer Niedrigkeit an, und steht als eine von Ewigkeit zwar beschlossene, aber in der Zeit vergängliche Erscheinung da, als Grenze der beiden Welten; er selbst geht zurück ins Unsichtbare, und verheißt statt seiner nicht das ins Endliche kommende, im Endlichen bleibende Prinzip, sondern den Geist, das ideale Prinzip, welches vielmehr das Endliche zum Unendlichen zurückführt und als solches das Licht der neuen Welt ist.

An diese erste Idee knüpfen sich alle Bestimmungen des Christentums. Die Einheit des Unendlichen und Endlichen objektiv durch eine Symbolik, wie die griechische Religion, darzustellen, ist seiner ideellen Richtung nach unmöglich. Alle Symbolik fällt ins Subjekt zurück, und 622 die nicht äußerlich, sondern bloß innerlich zu schauende Auflösung des Gegensatzes bleibt daher Mysterium, Geheimnis. Die durch alles hindurchgehende Antinomie des Göttlichen und Natürlichen hebt sich allein durch die subjektive Bestimmung auf, beide auf eine unbegreifliche Weise als eins zu denken. Eine solche subjektive Einheit drückt der Begriff des Wunders aus. Der Ursprung jeder Idee ist nach dieser Vorstellung ein Wunder, da sie in der Zeit entsteht, ohne ein Verhältnis zu ihr zu haben. Keine derselben kann auf zeitliche Weise entstehen, es ist das absolute, d.h. es ist Gott selbst, der sie offenbart, und darum der Begriff der Offenbarung ein schlechthin notwendiger im Christentum.

Eine Religion, die als Poesie in der Gattung lebt[26], bedarf so wenig einer historischen Grundlage, als die immer offene Natur ihrer bedarf. Wo das Göttliche nicht in bleibenden Gestalten lebt, sondern in flüchtigen Erscheinungen vorübergeht, bedarf es der Mittel, diese fest zu halten und durch Überlieferung zu verewigen. Außer den eigentlichen Mysterien der Religion gibt es notwendig eine Mythologie, welche die exoterische Seite derselben ist, und die sich auf die Religion gründet, wie sich die Religion der ersten Art vielmehr umgekehrt auf die Mythologie gründete.

Die Ideen einer auf Anschauung des Unendlichen im Endlichen gerichteten Religion müssen vorzugsweise im Sein ausgedrückt sein, die Ideen der entgegengesetzten, in der alle Symbolik nur dem Subjekt

---

26 Vgl. I. V, 108. A. d. O.

angehört, können allein durch Handeln objektiv werden. Das ursprüngliche Symbol aller Anschauung Gottes in ihr ist die Geschichte, aber diese ist endlos, unermeßlich, sie muß also durch eine zugleich unendliche und doch begrenzte Erscheinung repräsentiert werden, die selbst nicht wieder real ist, wie der Staat, sondern ideal, und die Einheit aller im Geist bei der Getrenntheit im Einzelnen als unmittelbare Gegenwart darstellt. Diese symbolische Anschauung ist die Kirche als lebendiges Kunstwerk.

623
Wie nun die Handlung, welche die Einheit des Unendlichen und Endlichen äußerlich ausdrückt, symbolisch heißen kann, so ist dieselbe, als innerlich, mystisch, und Mystizismus überhaupt eine subjektive Symbolik. Wenn die Äußerungen dieser Anschauungsart fast zu jeder Zeit in der Kirche Widerspruch und zum Teil Verfolgung gefunden haben, so ist es, weil sie das Esoterische des Christentums exoterisch zu machen suchten: nicht aber, als. ob der innerste Geist dieser Religion ein anderer als der jener Anschauung wäre[27].

Wenn man die Handlungen und Gebräuche der Kirche für objektiv symbolisch halten will, da ihre Bedeutung doch bloß mystisch gefaßt werden kann, so haben wenigstens diejenigen Ideen des Christentums, die in den Dogmen symbolisiert wurden, in diesen nicht aufgehört von ganz spekulativer Bedeutung zu sein, da ihre Symbole kein von der Bedeutung unabhängiges. Leben in sich selbst erlangt haben, wie die der griechischen Mythologie.

Versöhnung des von Gott abgefallenen Endlichen durch seine eigne Geburt in die Endlichkeit ist der erste Gedanke des Christentums und die Vollendung seiner ganzen Ansicht des Universum. und der Geschichte desselben in der Idee der Dreieinigkeit, welche eben deswegen in ihm schlechthin notwendig ist. Bekanntlich hat schon Lessing in der Schrift: Erziehung des Menschengeschlechts, die philosophische Bedeutung dieser Lehre zu enthüllen gesucht, und was er darüber gesagt hat, ist vielleicht das Spekulativste, was er überhaupt geschrieben. Es fehlt aber seiner Ansicht noch an der Beziehung dieser Idee auf die Geschichte der Welt, welche darin liegt, daß der ewige, aus dem Wesen des. Vaters aller Dinge geborene Sohn Gottes das Endliche selbst ist, wie es in der ewigen Anschauung Gottes ist, und welches als ein lei-

---

27 Vgl. Über das Verhältnis der Naturphilosophie zur Philosophie überhaupt, I. V, 118. A. d. O.

dender und den Verhängnissen der Zeit untergeordneter Gott erscheint, der in dem Gipfel seiner Erscheinung, in Christo, die. Welt der Endlichkeit schließt und die der Unendlichkeit oder der Herrschaft des Geistes eröffnet.

Wäre es für den gegenwärtigen Zweck verstattet, weiter in diese historische Konstruktion einzugehen, so würden wir auf die gleiche 624 Weise alle Gegensätze des Christentums und Heidentums, so wie die in jenem herrschenden Ideen und subjektiven Symbole der Ideen als notwendige erkennen. Es genügt mir, im allgemeinen die Möglichkeit davon gezeigt zu haben. Wenn das Christentum nicht nur überhaupt, sondern auch in seinen vornehmsten Formen historisch notwendig ist, und wir hiermit die höhere Ansicht der Geschichte selbst als eines Ausflusses der ewigen Notwendigkeit verbinden: so ist darin auch die Möglichkeit gegeben, es historisch als eine göttliche und absolute Erscheinung zu begreifen, also die einer wahrhaft historischen Wissenschaft der Religion, oder der Theologie. 625

9. Über das Studium der Theologie

Wenn ich es schwer finde von dem Studium der Theologie zu reden, so ist es, weil ich die Erkenntnisart und den ganzen Standpunkt, aus welchem ihre Wahrheiten gefaßt sein wollen, als verloren und vergessen achten muß. Die sämtlichen Lehren dieser Wissenschaft sind empirisch verstanden und als solche sowohl behauptet als bestritten worden. Auf diesem Boden aber sind sie überall nicht einheimisch und verlieren durchaus allen Sinn und Bedeutung.

Die Theologen behaupten, das Christentum sei eine göttliche Offenbarung, die sie als eine Handlung Gottes in der Zeit vorstellen. Sie begeben sich also eben damit selbst auf den Standpunkt, von welchem aus betrachtet, es keine Frage sein kann, ob das Christentum seinem Ursprung nach natürlich erklärbar ist. Derjenige müßte die Geschichte und Bildung der Zeit seines Entstehens sehr wenig kennen, der sich diese Aufgabe nicht befriedigend lösen könnte. Man lese nur die Schriften der Gelehrten, in welchen der Keim des Christentums nicht nur im Judentum, sondern selbst in einem einzelnen religiösen Verein, der vor jenem existierte, nachgewiesen ist; ja man bedarf dessen nicht einmal, obgleich, um diesen Zusammenhang darzulegen, der Bericht des Josephus und die Spuren der christlichen Geschichtbücher selbst noch nicht einmal gehörig benutzt sind. Genug, Christus, als der Einzelne, ist eine völlig begreifliche Person, und es war eine absolute Notwendigkeit, ihn als symbolische Person und in höherer Bedeutung zu fassen.

Will man die Ausbreitung des Christentums als ein besonderes Werk der göttlichen Vorsehung betrachten? Man lerne die Zeit kennen, in der es seine ersten Eroberungen machte, um es als eine bloß einzelne Erscheinung des allgemeinen Geistes derselben zu erkennen. Nicht das Christentum hat diesen erschaffen, sondern es selbst war nur eine vorahndende Antizipation desselben, das Erste, wodurch er ausgesprochen wurde. Das römische Reich war Jahrhunderte zuvor reif zum Christentum, ehe Konstantin das Kreuz zum Panier der neuen Weltherrschaft wählte; die vollste Befriedigung durch alles Äußere führte die Sehnsucht nach dem Innern und Unsichtbaren herbei, ein zerfallendes Reich, dessen Macht bloß zeitlich war, der verlerne Mut zum Objektiven, das Unglück der Zeit mußten die allgemeine Empfänglichkeit für eine Religion schaffen, welche den Menschen an das Ideale zurückwies, Verleugnung lehrte und zum Glück machte.

Die christlichen Religionslehrer können keine ihrer historischen Behauptungen rechtfertigen, ohne zuvor die höhere Ansicht der Geschichte selbst, welche durch die Philosophie wie durch das Christentum vorgeschrieben ist, zu der ihrigen gemacht zu haben. Sie haben lange genug mit dem Unglauben auf seinem eignen Boden gekämpft, anstatt diesen, als den Standpunkt, auf welchem er steht, selbst anzugreifen. Ihr habt, könnten sie den Naturalisten sagen, für die Betrachtungsweise, die ihr annehmt, vollkommen Recht, und unsere Ansicht schließt es ein, daß ihr auf euerm Standpunkt richtig urteilet. Wir leugnen nur diesen selbst, oder lassen ihn als einen bloß untergeordneten gelten. Es ist derselbe Fall wie mit dem Empiriker, der dem Philosophen unwidersprechlich beweist, daß alles Wissen nur durch die äußere Notwendigkeit der Eindrücke gesetzt ist.

Dasselbe Verhältnis findet ebenso in Ansehung aller Dogmen der Theologie statt. Von der Idee der Dreieinigkeit ist es klar, daß sie, nicht spekulativ aufgefaßt, überhaupt ohne Sinn ist. Die Menschwerdung Gottes in Christo deuten die Theologen ebenso empirisch, nämlich daß Gott in einem bestimmten Moment der Zeit menschliche Natur angenommen habe, wobei schlechterdings nichts zu denken sein kann, da Gott ewig außer aller Zeit ist Die Menschwerdung Gottes ist also eine Menschwerdung von Ewigkeit. Der Mensch Christus ist in der Erscheinung nur der Gipfel und insofern auch wieder der Anfang derselben, denn von ihm aus sollte sie dadurch sich fortsetzen, daß alle seine Nachfolger Glieder eines und desselben Leibes wären, von dem er das Haupt ist. Daß in Christo zuerst Gott wahrhaft objektiv geworden, zeugt die Geschichte; denn wer vor ihm hat das Unendliche auf solche Weise geoffenbaret?

Es möchte sich beweisen lassen, daß, soweit die historische Kenntnis nur immer zurückgeht, schon zwei bestimmt verschiedene Ströme von Religion und Poesie unterscheidbar sind: der eine, welcher, schon in der Indischen Religion der herrschende, das Intellektualsystem und den ältesten Idealismus überliefert hat, der andere, welcher die realistische Ansicht der Welt in sich faßte. Jener hat, nachdem er durch den ganzen Orient geflossen, im Christentum sein bleibendes Beet gefunden, und mit dem für sich unfruchtbaren Boden des Okzidents vermischt, die Geburten der späteren Welt erzeugt; der andere hat in der griechischen Mythologie durch Ergänzung mit der entgegengesetzten Einheit, dem Idealischen der Kunst, die höchste Schönheit geboren. Und will man die Regungen des entgegengesetzten Pols in der griechischen Bildung für nichts rechnen, die mystischen Elemente einer abgesonderten Art der Poesie, die Verwerfung der Mythologie und Verbannung der Dichter durch die Philosophen, vornehmlich Plato, der in einer ganz fremden und entfernten Welt eine Prophezeiung des Christentums ist?

Aber eben, daß das Christentum schon vor und außer demselben existiert hat, beweist die Notwendigkeit seiner Idee, und daß auch in dieser Beziehung keine absoluten Gegensätze existieren. Die christlichen Missionarien, die nach Indien kamen, glaubten den Bewohnern etwas Unerhörtes zu verkündigen, wenn sie lehrten, daß der Gott der Christen Mensch geworden sei. Jene waren darüber nicht verwundert, sie bestritten die Fleischwerdung Gottes in Christo keineswegs, und fanden bloß seltsam, daß bei den Christen nur einmal geschehen sei, was sich bei ihnen oftmals und in steter Wiederholung zutrage. Man kann nicht leugnen, daß sie von ihrer Religion mehr Verstand gehabt haben, wie die christlichen Missionarien von der ihrigen.

Die historische Konstruktion des Christentums kann wegen dieser Universalität seiner Idee nicht ohne die religiöse Konstruktion der ganzen Geschichte gedacht werden. Sie ist also ebensowenig mit dem, was man bisher allgemeine Religionsgeschichte genannt hat (obgleich von nichts weniger als Religion darin die Rede ist), als mit der partielleren Geschichte der christlichen Religion und Kirche zu vergleichen.

Eine solche Konstruktion ist schon an sich selbst nur der hohem Erkenntnisart möglich, welche sich über die empirische Verkettung der Dinge erhebt; sie ist also nicht ohne Philosophie, welche das wahre Organ der Theologie als Wissenschaft ist, worin die höchsten Ideen von dem göttlichen Wesen, der Natur als dem Werkzeug und der Geschichte als der Offenbarung Gottes objektiv werden. Es wird von selbst niemand die Behauptung der spekulativen Bedeutung der vornehmsten Lehren der Theologie mit der Kantischen verwechseln, deren Hauptabsicht am Ende allein darauf geht, das Positive und Historische aus dem Christentum gänzlich zu entfernen und zur reinen Vernunftreligion zu läutern. Die wahre Vernunftreligion ist, einzusehen, daß nur zwei Erscheinungen der Religion überhaupt sind, die wirkliche Naturreligion, welche notwendig Polytheismus im Sinn der Griechen ist, und die, welche, ganz sittlich, Gott in der Geschichte anschaut[28]. In der Kantischen Läuterung ist auch keineswegs ein spekulativer, sondern ein moralischer Sinn jener Lehren beabsichtigt, wodurch der empirische Standpunkt im Grunde nicht verlassen, auch die Wahrheit derselben nicht an sich, sondern allein in der subjektiven Beziehung möglicher Motive der Sittlichkeit angenommen wird.

Wie der Dogmatismus in der Philosophie ist der gleiche in der Theologie ein Versetzen dessen, was nur absolut erkannt werden kann, auf den empirischen Gesichtspunkt des Verstandes. Kant hat weder den einen noch den andern in der Wurzel angegriffen, da er nichts Positives an ihre Stelle zu setzen wußte. Insbesondere nach seinem Vorschlag beim Volksunterricht die Bibel moralisch auslegen, hieße nur die empirische Erscheinung des Christentums zu Zwecken, die ohne Mißdeutung gar nicht erreicht werden können, gebrauchen, aber nicht sich über dieselbe zur Idee erheben.

Die ersten Bücher der Geschichte und Lehre des Christentums sind selbst nichts als auch eine besondere, noch dazu unvollkommene, Erscheinung desselben; seine Idee ist nicht in diesen Büchern zu suchen,

---

28 Man vgl. die Äußerung in der Philosophie der Offenbarung, II. Abt., Bd. 3, S. 144. A. d. O.

deren Wert erst nach dem Maß bestimmt werden muß, in welchem sie jene ausdrücken und ihr angemessen sind. Schon in dem Geiste des Heidenbekehrers Paulus ist das Christentum etwas anderes geworden, als es in dem des ersten Stifters war: nicht bei der einzelnen Zeit sollen wir stehen bleiben, die nur willkürlich angenommen werden kann, sondern seine ganze Geschichte und die Welt, die es geschaffen, vor Augen haben.

Zu den Operationen der neuern Aufklärerei, welche in bezug auf das Christentum eher die Ausklärerei heißen könnte, gehört allerdings auch das Vorgeben, es, wie man sagt, auf seinen ursprünglichen Sinn, seine erste Einfachheit zurückzuführen, in welcher Gestalt sie es auch das Urchristentum nennen. Man sollte denken, die christlichen Religionslehrer müßten es den späteren Zeiten Dank wissen, daß sie aus dem dürftigen Inhalt der ersten Religionsbücher so viel spekulativen Stoff gezogen und diesen zu einem System ausgebildet haben. Bequemer mag es freilich sein, von dem scholastischen Wust der alten Dogmatik zu reden, dagegen populäre Dogmatiken zu schreiben und sich mit der Silbenstecherei und Worterklärung zu beschäftigen, als das Christentum und seine Lehren in universeller Beziehung zu fassen. Man kann sich indessen nicht des Gedankens erwehren, welch ein Hindernis der Vollendung die sogenannten biblischen Bücher für dasselbe gewesen sind, die an echt religiösem Gehalt keine Vergleichung mit so vielen andern der früheren und späteren Zeit, vornehmlich den Indischen, auch nur von ferne aushalten.

Man hat dem Gedanken der Hierarchie, dem Volk diese Bücher zu entziehen, eine bloß politische Absicht untergelegt: er möchte wohl den tieferen Grund haben, daß das Christentum als eine lebendige Religion, nicht als eine Vergangenheit, sondern als eine ewige Gegenwart fortdaure, wie auch die Wunder der Kirche nicht aufhörten, welche der Protestantismus, auch darin inkonsequent, nur als vor Zeiten geschehen zuläßt. Eigentlich waren es diese Bücher, die als Urkunden, deren bloß die Geschichtforschung, nicht aber der Glaube bedarf, beständig von neuem das empirische Christentum an die Stelle der Idee gesetzt haben, welche unabhängig von ihnen bestehen kann, und lauter durch die ganze Geschichte der neuen Welt in Vergleich mit der alten als durch jene verkündet wird, wo sie noch sehr unentwickelt liegt.

Der Geist der neuen Zeit geht mit sichtbarer Konsequenz auf Vernichtung aller bloß endlichen Formen, und es ist Religion, ihn auch hierin zu erkennen. Nach diesem Gesetz mußte der Zustand eines allgemeinen und öffentlichen Lebens, den die Religion im Christentum mehr oder weniger erreicht hatte, vergänglich sein, da er nur einen Teil der Absichten des Weltgeistes realisiert darstellte. Der Protestantismus entstand, und war auch zur Zeit seines Ursprungs eine neue Zurückführung des Geistes zum Unsinnlichen, obgleich dieses bloß negative Bestreben, außerdem daß es die Stetigkeit in der Entwickelung des Christentums aufhob, nie eine positive Vereinigung und eine äußere symbolische Erscheinung derselben, als Kirche, schaffen konnte. An die Stelle der lebendigen Auktorität trat die andere toter in ausgestorbenen Sprachen geschriebener Bücher, und da diese ihrer Natur nach nicht bindend sein konnte, eine viel unwürdigere Sklaverei, die Abhängigkeit von Symbolen, die ein bloß menschliches Ansehen für sich hatten. Es war notwendig, daß der Protestantismus, da er seinem Begriff nach antiuniversell ist, wieder in Sekten zerfiel, und daß der Unglaube sich an die einzelnen Formen und die empirische Erscheinung heftete, da die ganze Religion an diese gewiesen war.

Nicht geistreich aber ungläubig, nicht fromm und doch auch nicht witzig und frivol, ähnlich den Unseligen, wie sie Dante im Vorgrund der Hölle existieren läßt, die weder rebellisch gegen Gott noch treu waren, die der Himmel ausstieß und die Halle nicht aufnahm, weil auch die Verdammten keine Ehre von ihnen haben würden, haben vornehmlich deutsche Gelehrte, mit Hilfe einer sogenannten gesunden Exegese, einer aufklärenden Psychologie und schlaffen Moral, alles Spekulative und selbst das subjektiv-Symbolische aus dem Christentum entfernt. Der Glaube an seine Göttlichkeit wurde auf empirisch-historische Argumente gebaut, das Wunder der Offenbarung in einem sehr handgreiflichen Zirkel durch andere Wunder bewiesen. Da das Göttliche seiner Natur nach empirisch weder erkennbar noch demonstrabel ist, so hatten hiermit die Naturalisten gewonnenes Spiel. Man hat schon mit ihnen unterhandelt, als man die Untersuchungen über die Echtheit der christlichen Bücher, den Beweis ihrer Eingebung aus einzelnen Stellen zum Fundament der Theologie machte. Die Zurückweisung auf den Buchstaben einiger Bücher machte notwendig, daß die ganze Wissenschaft sich in Philologie und Auslegekunst verwandelte, wodurch sie eine gänzlich profane Szienz geworden ist, und wo man das Palladium der Rechtgläubigkeit in der sogenannten Sprachkenntnis sucht, ist die Theologie am tiefsten gesunken und am weitesten von ihrer Idee entfernt. Hier besteht eine Hauptkunst darin, so viel Wunder als möglich aus der Bibel weg oder heraus zu erklären, welches ein ebenso klägliches Beginnen ist als das umgekehrte, aus diesen empirischen, noch dazu höchst dürftigen Faktis die Göttlichkeit der Religion zu beweisen. Was hilft es, noch so viele hinwegzuschaffen, wenn es nicht mit allen möglich ist, denn auch nur Eines würde, wenn diese Beweisart überhaupt Sinn hätte, so viel wie tausend beweisen.

Zu diesem philologischen Bestreben hat sich das psychologische gesellt, indem man sich große Mühe gegeben, viele Erzählungen, die offenbar jüdische Fabeln sind, erfunden nach der Anleitung messianischer Weissagungen des alten Testaments (über welche Quelle die Urheber sogar selbst keinen Zweifel zulassen, indem sie hinzusetzen: es habe geschehen müssen, damit erfüllet werde, was geschrieben stehe), aus psychologischen Täuschungen begreiflich zu machen.

632

Verbunden hiermit ist die beliebte Verwässerungsmethode, kraft welcher, unter dem Vorwand, dieses oder jenes seien nur Redensarten orientalischen Schwulstes, die flachen Begriffe des behaglichsten gemeinen Verstandes, der modernen Moral und Religion in die Urkunden hinein erklärt werden.

Zuletzt hat sich diese Entfernung der Wissenschaft von der Spekulation auch auf den Volksunterricht verbreitet, welcher rein moralisch, ohne alle Ideen sein sollte. Die Moral ist ohne Zweifel nichts Auszeichnendes des Christentums; um einiger Sittensprüche willen, wie die von der Liebe des Nächsten usw., würde es nicht in der Welt und der Geschichte existiert haben. Es ist nicht die Schuldigkeit dieser gemeinen Menschenverständigkeit, wenn jenes moralische Predigen sich nicht noch tiefer herabgelassen und zu einem ökonomischen geworden ist. Die Prediger sollten wirklich zu verschiedenen Zeiten Landwirte, Ärzte, und was nicht alles sein, und nicht allein die Kuhpocken von der Kanzel empfehlen, sondern auch die beste Art Kartoffeln zu erziehen lehren.

Ich mußte über den Zustand der Theologie reden, weil ich das, was mir über das Studium der Wissenschaft zu sagen nötig schien, nicht anders als durch den Gegensatz gegen die herrschende Art desselben deutlich zu machen hoffen konnte.

Die Göttlichkeit des Christentums kann schlechterdings auf keine mittelbare Weise, sondern nur eine unmittelbare und im Zusammenhang mit der absoluten Ansicht der Geschichte erkannt werden. Deshalb ist unter andern der Begriff einer mittelbaren Offenbarung, außerdem daß er nur zum Behuf einer Zweideutigkeit in der Rede ausgedacht ist, ein durchaus unzulässiger, da er ganz empirisch ist.

Was an dem Studium der Theologie wirklich bloß Sache der Empirie ist, wie die kritische und philologische Behandlung der ersten christlichen Bücher, ist von dem Studium der Wissenschaft an und für sich ganz abzusondern. Auf die Auslegung derselben können die höheren Ideen keinen Einfluß haben, diese muß ganz unabhängig wie bei jedem andern Schriftsteller geschehen, wo nicht gefragt wird, ob das, was er sagt, vernunftgemäß, historisch wahr oder religiös ist, sondern ob er es wirklich gesagt hat. Hinwiederum ob diese Bücher echt oder unecht, die darin enthaltenen Erzählungen wirkliche unentstellte Fakta sind, ob ihr Inhalt selbst der Idee des Christentums angemessen ist oder nicht, kann an der Realität derselben nichts andern, da sie nicht von dieser Einzelheit abhängig, sondern allgemein und absolut ist. Und schon längst, wenn man nicht das Christentum selbst als bloß zeitliche Erscheinung begriffen hätte, wäre die Auslegung frei gegeben, so daß wir in der historischen Würdigung dieser für die erste Geschichte desselben so wichtigen Urkunden schon viel weiter gelangt sein und in einer so einfachen Sache nicht bis jetzt noch so viele Umwege und Verwicklungen gesucht würden.

Das Wesentliche im Studium der Theologie ist die Verbindung der spekulativen und historischen Konstruktion des Christentums und seiner vornehmsten Lehren.

Zwar an die Stelle des Exoterischen und Buchstäblichen des Christentums das Esoterische und Geistige treten zu lassen: diesem Beginnen widerspricht allerdings die offenbare Absicht der frühesten Lehrer und der Kirche selbst, da diese wie jene zu jeder Zeit darüber einverstanden waren, sich dem Eindringen alles dessen, was nicht Sache aller Menschen und völlig exoterisch sein könnte, zu widersetzen. Es beweist ein richtiges Gefühl, ein sicheres Bewußtsein dessen, was sie wollen mußten, in den ersten Gründern wie in den spätern Häuptern des Christentums, daß sie mit Überlegung entfernten, was der Öffentlichkeit desselben Eintrag tun konnte, und es ausdrücklich als Häresis, als der Universalität entgegenwirkend, ausschlossen. Selbst unter denjenigen, die zu der Kirche und den Orthodoxen gehörten, erlangten doch die, welche am meisten auf den Buchstaben drangen, das größte Ansehen, ja sie haben eigentlich das Christentum als universelle Religionsform erschaffen. Nur der Buchstabe des Okzidents konnte dem von Orient kommenden idealen Prinzip einen Leib und die äußere Gestalt geben, wie das Licht der Sonne nur in dem Stoff der Erde seine herrlichen Ideen ausgebiert.

Aber eben dieses Verhältnis, welches den ersten Formen des Christentums den Ursprung gab, kehrt, nachdem jene dem Gesetz der 634 Endlichkeit gemäß zerfallen sind, und die offenbare Unmöglichkeit ist, das Christentum in der exoterischen Gestalt zu behaupten, aufs neue zurück. Das Esoterische muß also hervortreten und, von seiner Hülle befreit, für sich leuchten. Der ewig lebendige Geist aller Bildung und Erschaffung wird es in neue und dauerndere Formen kleiden, da es an dem dem Idealen entgegengesetzten Stoff nicht fehlt, der Okzident und Orient sich in einer und derselben Bildung nahe gerückt sind, und überall, wo Entgegengesetzte sich berühren, neues Leben entzündet wird. Der Geist der neueren Welt hat in der Schonungslosigkeit, womit er auch die schönsten aber endlichen Formen, nach Zurückziehung ihres Lebensprinzips, in sich zerfallen: ließ, hinlänglich seine Absicht offenbart, das Unendliche in ewig neuen Formen zu gebären. Daß er das Christentum nicht als einzelne empirische Erscheinung, sondern als jene ewige Idee selbst wolle, hat er ebenso klar bezeugt. Die nicht auf die Vergangenheit eingeschränkten, sondern auf eine ungemessene Zeit sich erstreckenden Bestimmungen des Christentums lassen sich deutlich genug in der Poesie und Philosophie erkennen. Jene fordert die Religion als die oberste, ja einzige Möglichkeit auch der poetischen Versöhnung, diese hat mit dem wahrhaft spekulativen Standpunkt auch den der Religion wieder errungen, den Empirismus und ihm gleichen Naturalismus nicht bloß partiell, sondern allgemein aufgehoben und die Wiedergeburt des esoterischen Christentums wie die Verkündigung des absoluten Evangeliums in sich vorbereitet[29].

635

29 Vgl. Über das Verhältnis der Naturphilosophie zur Philosophie überhaupt, I. V, 120. Jene Abhandlung ist übrigens ihrem ganzen religionsphilosophischen Inhalt nach mit dieser und der vorhergehenden (achten) Vorlesung zu vergleichen. A. d. O.

10. Über das Studium der Historie und der Jurisprudenz

Wie das Absolute selbst in der Doppelgestalt der Natur und Geschichte als ein und dasselbige erscheint, zerlegt die Theologie als Indifferenzpunkt der realen Wissenschaften sich von der einen Seite in die Historie, von der andern in die Naturwissenschaft, deren jede ihren Gegenstand getrennt von dem andern und eben damit auch von der obersten Einheit betrachtet.

Dies verhindert nicht, daß nicht jede derselben in sich den Zentralpunkt herstelle und so in das Urwissen zurückgehen könne.

Die gemeine Vorstellung der Natur und Geschichte ist, daß in jener alles durch empirische Notwendigkeit, in dieser alles durch Freiheit geschehe. Aber eben dies sind selbst nur die Formen oder Arten, außer dem Absoluten zu sein. Die Geschichte ist insofern die höhere Potenz der Natur, als sie im Idealen ausdrückt, was diese im Realen; dem Wesen nach aber ist eben deswegen dasselbe in beiden, nur verändert durch die Bestimmung oder Potenz, unter der es gesetzt ist. Könnte in beiden das reine An-sich erblickt werden, so würden wir dasselbe, was in der Geschichte ideal, in der Natur real vorgebildet erkennen. Die Freiheit, als Erscheinung, kann nichts erschaffen: es ist Ein Universum, welches die zwiefache Form der abgebildeten Welt jede für sich und in ihrer Art ausdrückt. Die vollendete Welt der Geschichte wäre demnach selbst eine ideale Natur, der Staat, als der äußere Organismus einer in der Freiheit selbst erreichten Harmonie der Notwendigkeit und der Freiheit. Die Geschichte, sofern sie die Bildung dieses Vereins zum vorzüglichsten Gegenstand hat, wäre Geschichte im engern Sinne des Wortes.

Die Frage, welche uns hier zunächst entgegenkommt, nämlich ob Historie Wissenschaft sein könne, scheint wegen ihrer Beantwortung keinen Zweifel zuzulassen. Wenn nämlich Historie als solche, und von dieser ist die Rede, der letzten entgegengesetzt ist, wie im Vorhergehenden allgemein angenommen wurde, so ist klar, daß sie nicht selbst Wissenschaft sein könne, und wenn die realen Wissenschaften Synthesen des Philosophischen und Historischen sind, so kann eben deswegen die Historie selbst nicht wieder eine solche sein, so wenig als es Philo-

636

sophie sein kann. Sie träte also in der letzten Beziehung mit dieser auf gleichen Rang.

Um dieses Verhältnis noch bestimmter einzusehen, unterscheiden wir die verschiedenen Standpunkte, auf welchen Historie gedacht werden könnte.

Der höchste, der von uns im Vorhergehenden erkannt wurde, ist der religöse oder derjenige, in welchem die ganze Geschichte als Werk der Vorsehung begriffen wird. Daß dieser nicht in der Historie als solcher geltend gemacht werden könne, folgt daraus, daß er von dem philosophischen nicht wesentlich verschieden ist. Es versteht sich, daß ich hiermit weder die religiöse noch die philosophische Konstruktion der Geschichte leugne; allein jene gehört der Theologie, diese der Philosophie an, und ist von der Historie als solcher notwendig verschieden.

Der entgegengesetzte Standpunkt des Absoluten ist der empirische, welcher wieder zwei Seiten hat. Die der reinen Aufnahme und Ausmittlung des Geschehenen, welche Sache des Geschichtsforschers ist, der von dem Historiker als solchen nur eine Seite repräsentiert. Die der Verbindung des empirischen Stoffs nach einer Verstandes-Identität, oder, weil die letztere nicht in den Begebenheiten an und für sich liegen kann, indem diese empirisch viel mehr zufällig und nicht harmonisch erscheinen, der Anordnung nach einem durch das Subjekt entworfenen Zweck, der insofern didaktisch oder politisch ist. Diese Behandlung der Geschichte, in ganz bestimmter, nicht allgemeiner Absicht, ist, was, der von den Alten festgesetzten Bedeutung zufolge, die pragmatische heißt. So ist Polybius, der sich über diesen Begriff ausdrücklich erklärt, pragmatisch wegen der ganz bestimmten auf die Technik des Kriegs gerichteten Absicht seiner Geschichtsbücher; so Tacitus, weil er Schritt vor Schritt an dem Verfall des römischen Staats die Wirkungen der Sittenlosigkeit und des Despotismus darstellt.

Die Modernen sind geneigt, den pragmatischen Geist für das Höchste in der Materie zu halten und zieren sich selbst untereinander mit dem Prädikat desselben als mit dem größten Lob. Aber eben wegen ihrer subjektiven Abhängigkeit wird niemand, der Sinn hat, die Darstellungen der beiden angeführten Geschichtsschreiber in den Rang der Historie setzen. Bei den Deutschen hat es nun überdies mit dem pragmatischen Geist in der Regel die Bewandtnis, wie bei dem Famulus in Goethes Faust: »Was sie den Geist der Zeiten nennen, ist ihr eigner Geist, worin die Zeiten sich bespiegeln.« In Griechenland ergriffen die erhabensten, gereiftesten, erfahrungsreichsten Geister den Griffel der Geschichte, um sie wie mit ewigen Charakteren zu schreiben. Herodotus ist ein wahrhaft Homerischer Kopf, im Thucydides konzentriert sich die ganze Bildung des Perikleischen Zeitalters zu einer göttlichen Anschauung. In Deutschland, wo die Wissenschaft immer mehr eine Sache der Industrie wird, wagen sich gerade die geistlosesten Köpfe an die Geschichte. Welch ein widerlicher Anblick, das Bild großer Begebenheiten und Charaktere im Organ eines kurzsichtigen und einfältigen Menschen entworfen, besonders wenn er sich noch Gewalt antut Verstand zu haben, und diesen etwa darein setzt, die Größe der Zeiten und Völker nach beschränkten Ansichten, z.B. Wichtigkeit des Handels, diesen oder jenen nützlichen oder verderblichen Erfindungen. zu schätzen, und überhaupt einen so viel möglich gemeinen Maßstab an alles Erhabene zu legen; oder wenn er auf der andern Seite den historischen Pragmatismus darin sucht, sich selbst durch Räsonieren über

die Begebenheiten oder Ausschmücken des Stoffs mit leeren rhetorischen Floskeln geltend zu machen, z.B. von den beständigen Fortschritten der Menschheit und wie *wir's* denn zuletzt so herrlich weit gebracht.

Dennoch ist selbst unter dem Heiligsten nichts, das heiliger wäre als die Geschichte, dieser große Spiegel des Weltgeistes, dieses ewige Gedicht des göttlichen Verstandes: nichts das weniger die Berührung unreiner Hände ertrüge.

Der pragmatische Zweck der Geschichte schließt von selbst die Universalität aus und fordert notwendig auch einen beschränkten Gegenstand. Der Zweck der Belehrung verlangt eine richtige und empirisch begründete Verknüpfung der Begebenheiten, durch welche der Verstand zwar aufgeklärt wird, die Vernunft aber ohne andere Zutat unbefriedigt bleibt. Auch Kants Plan einer Geschichte im weltbürgerlichen Sinn beabsichtigt eine bloße Verstandesgesetzmäßigkeit im ganzen derselben, die nur höher, nämlich in der allgemeinen Notwendigkeit der Natur, gesucht wird, durch welche aus dem Krieg der Friede, zuletzt sogar der ewige und aus vielen andern Verirrungen endlich die echte Rechtsverfassung entstehen soll. Allein dieser Plan der Natur ist selbst nur der empirische Widerschein der wahren Notwendigkeit, so wie die Absicht einer danach geordneten Geschichte nicht sowohl eine weltbürgerliche als eine bürgerliche heißen müßte, den Fortgang nämlich der Menschheit zum ruhigen Verkehr, Gewerbe und Handelsbetrieb unter sich, und dieses sonach überhaupt als die höchsten Früchte des Menschenlebens und seiner Anstrengungen darzustellen.

Es ist klar, daß, da die bloße Verknüpfung der Begebenheiten nach empirischer Notwendigkeit immer nur pragmatisch sein kann, die Historie aber in ihrer höchsten Idee von aller subjektiven Beziehung unabhängig und befreit sein muß, auch überhaupt der empirische Standpunkt nicht der höchste ihrer Darstellungen sein könne.

Auch die wahre Historie beruht auf einer Synthesis des Gegebenen und Wirklichen mit dem Idealen, aber nicht durch Philosophie, da diese die Wirklichkeit vielmehr aufhebt und ganz ideal ist, Historie aber ganz in jener und doch zugleich ideal sein soll. Dieses ist nirgends als in der Kunst möglich, welche das Wirkliche ganz bestehen läßt, wie die Bühne reale Begebenheiten oder Geschichten, aber in einer Vollendung und Einheit darstellt, wodurch sie Ausdruck der höchsten Ideen werden. Die Kunst also ist es, wodurch die Historie, indem sie Wissenschaft des Wirklichen als solchen ist, zugleich über dasselbe auf das höhere Gebiet des Idealen erhoben wird, auf dem die Wissenschaft steht; und der dritte und absolute Standpunkt der Historie ist demnach der der historischen Kunst.

Wir haben das Verhältnis desselben zu den vorher angegebenen zu zeigen.

Es versteht sich, daß der Historiker nicht, einer vermeinten Kunst zu lieb, den Stoff der Geschichte verändern kann, deren oberstes Gesetz Wahrheit sein soll. Ebensowenig kann die Meinung sein, daß die höhere Darstellung den wirklichen Zusammenhang der Begebenheiten vernachlässige, es hat vielmehr hiermit ganz dieselbe Bewandtnis wie mit der Begründung der Handlungen im Drama, wo zwar die einzelne aus der vorhergehenden und zuletzt alles aus der ersten Synthesis mit Notwendigkeit entspringen muß, die Aufeinanderfolge selbst aber nicht empirisch, sondern nur aus einer höheren Ordnung der Dinge begreiflich sein muß. Erst dann erhält die Geschichte ihre Vollendung für die Vernunft, wenn die empirischen Ursachen, indem sie den Verstand befriedigen, als Werkzeuge und Mittel der Erscheinung einer höheren Notwendigkeit gebraucht werden. In solcher Darstellung kann die Geschichte die Wirkung des größten und erstaunungswürdigsten Dramas nicht verfehlen, das nur in einem unendlichen Geiste gedichtet sein kann.

Wir haben die Historie auf die gleiche Stufe mit der Kunst gesetzt. Aber, was diese darstellt, ist immer eine Identität der Notwendigkeit und Freiheit, und diese Erscheinung, vornehmlich in der Tragödie, ist der eigentliche Gegenstand unserer Bewunderung. Diese selbe Identität aber ist zugleich der Standpunkt der Philosophie und selbst der Religion für die Geschichte, da diese in der Vorsehung nichts anderes als die Weisheit erkennt, welche in dem Plane der Welt die Freiheit der Menschen mit der allgemeinen Notwendigkeit und umgekehrt diese

mit jener vereinigt. Nun soll aber die Historie wahrhaft weder auf dem philosophischen noch auf dem religiösen Standpunkt stehen. Sie wird demnach auch jene Identität der Freiheit und Notwendig in dem Sinne darstellen müssen, wie sie vom Gesichtspunkt der Wirklichkeit aus erscheint, den sie auf keine Weise verlassen soll. Von diesem aus ist sie aber nur als unbegriffene und ganz objektive Identität erkennbar, als Schicksal. Die Meinung ist nicht, daß der Geschichtschreiber das Schicksal im Munde führe, sondern daß es durch die Objektivität seiner Darstellung von selbst und ohne sein Zutun erscheine. Durch die Geschichtsbücher des Herodotus gehen Verhängnis und Vergeltung als unsichtbare überall waltende Gottheiten; in dem höheren und völlig unabhängigen Stil des Thucydides, der sich schon durch die Einführung der Reden dramatisch zeigt, ist jene höhere Einheit in der Form ausgedrückt und ganz bis zur äußern Erscheinung gebracht.

Über die Art, wie Historie studiert; werden will, möge folgendes hinreichen. Sie muß im ganzen nach Art des Epos betrachtet werden, das keinen bestimmten Anfang und kein bestimmtes Ende hat: man nehme denjenigen Punkt heraus, den man für den bedeutendsten oder interessantesten hält, und von diesem aus bilde und erweitere sich das Ganze nach allen Richtungen.

Man meide die sogenannten Universalhistorien, die nichts lehren; andere gibt es noch nicht. Die wahre Universalgeschichte müßte im epischen Stil, also in dem Geiste verfaßt sein, deren Anlage im Herodotus ist. Was man jetzt so nennt, sind Kompendien, darin alles Besondere und Bedeutende verwischt ist: auch derjenige aber, der Historie nicht zu seinem besondern Fach wählt, gehe soviel wie möglich zu den Quellen und den Partikulargeschichten, die ihn bei weitem mehr unterrichten. Er lerne für die neuere Geschichte die naive Einfalt der Chroniken liebgewinnen, die keine prätensionvollen Charakterschilderungen machen, oder psychologisch motivieren.

Wer sich zum historischen Künstler bilden will, halte sich einzig an die großen Muster der Alten, welche, nach dem Zerfall des allgemeinen und öffentlichen Lebens, nie wieder erreicht werden konnten. Wenn 641 wir von Gibbon absehen, dessen Werk die umfassende Konzeption und die ganze Macht des großen Wendepunktes der neueren Zeit für sich hat, obgleich er nur Redner nicht Geschichtschreiber ist, existieren bloß wahrhaft nationale Historiker, unter denen die spätere Zeit nur Macchiavelli und Joh. Müller nennen wird.

Welche Stufen derjenige zu erklimmen hat, der würdigerweise die Geschichte verzeichnen will, könnten die, so diesem Beruf sich weihen, vorerst nur aus den Briefen, welche dieser als Jüngling geschrieben, ungefähr ermessen. Aber überhaupt alles, was Wissenschaft und Kunst, was ein erfahrungsreiches und öffentliches Leben vermögen, muß dazu beitragen, den Historiker zu bilden.

Die ersten Urbilder des historischen Stils sind das Epos in seiner ursprünglichen Gestalt und die Tragödie; denn wenn die universelle Geschichte, deren Anfänge, wie die Quellen des Nils, unerkennbar, die epische Form und Fülle liebt, will die besondere dagegen mehr konzentrisch um einen gemeinschaftlichen Mittelpunkt gebildet sein; davon zu schweigen, daß für den Historiker die Tragödie die wahre Quelle großer Ideen und der erhabenen Denkungsart ist, zu welcher er gebildet sein muß.

Als den Gegenstand der Historie im engern Sinne bestimmten wir die Bildung eines objektiven Organismus der Freiheit oder des Staats. Es gibt eine Wissenschaft desselben, so notwendig es eine Wissenschaft der Natur gibt. Seine Idee kann um so weniger aus der Erfahrung genommen sein, da diese hier vielmehr selbst erst nach Ideen geschaffen und der Staat als Kunstwerk erscheinen soll.

Wenn die realen Wissenschaften überhaupt nur durch das historische Element von der Philosophie geschieden sind, so wird dasselbe auch von der Rechtswissenschaft gelten; aber nur so viel von dem Historischen derselben kann der Wissenschaft angehören, als Ausdruck von Ideen ist, nicht also, was seiner Natur nach bloß endlich ist, wie alle Formen der Gesetze, die sich allein auf den äußeren Mechanismus des Staats beziehen, wohin fast der ganze Inbegriff derjenigen gehört, welche in der gegenwärtigen Rechtswissenschaft gelehrt werden, und in denen man den Geist eines öffentlichen Zustandes nur noch wie in 642 Trümmern wohnen sieht.

In Ansehung derselben gibt es keine andere Vorschrift, als sie empirisch, wie es zu dem Gebrauch in einzelnen Fällen vor Gerichtshöfen oder in öffentlichen Verhältnissen nötig ist, zu erlernen und zu lehren, und nicht die Philosophie zu entweihen, indem man sie in Dinge einmischt, welche an ihr keinen Teil haben. Die wissenschaftliche Konstruktion des Staats würde, was das innere Leben desselben betrifft, kein entsprechendes historisches Element in den späteren Zeiten finden, außer inwiefern selbst das Entgegengesetzte wieder zum Reflex desjenigen dient, von dem es dies ist. Das Privatleben und mit ihm auch das Privatrecht hat sich von dem öffentlichen getrennt; jenes hat aber, abgesondert von diesem, so wenig Absolutheit, als es in der Natur das Sein der einzelnen Körper und ihr besonderes Verhältnis untereinander hat. Da in der gänzlichen Zurückziehung des allgemeinen und öffentlichen Geistes von dem einzelnen Leben dieses als die rein endliche Seite des Staats und völlig tot zurückgeblieben ist, so ist auf die Gesetzmäßigkeit, die in ihm herrscht, durchaus keine Anwendung von Ideen und höchstens die eines mechanischen Scharfsinnes möglich, um die empirischen Gründe derselben in einzelnen Fällen darzutun oder streitige Fälle nach jenen zu entscheiden.

Was allein von dieser Wissenschaft einer universell-historischen Ansicht fähig sein möchte, ist die Form des öffentlichen Lebens, inwiefern diese, auch ihren besonderen Bestimmungen nach, aus dem Gegensatz der neuen mit der alten Welt begriffen werden kann und eine allgemeine Notwendigkeit hat.

Die Harmonie der Notwendigkeit und Freiheit, die sich notwendig äußerlich und in einer objektiven Einheit ausdrückt, differenziert sich in dieser Erscheinung selbst wieder nach zwei Seiten, und hat eine verschiedene Gestalt, je nachdem sie im Realen oder Idealen ausgedrückt wird. Die vollkommene Erscheinung derselben im Ersten ist der vollkommene Staat, dessen Idee erreicht ist, sobald das Besondere und das Allgemeine absolut eins, alles was notwendig zugleich frei und alles frei Geschehende zugleich notwendig ist. Indem das äußere und öffentliche Leben in einer objektiven Harmonie jener beiden verschwand, mußte es durch das subjektive in einer idealen Einheit ersetzt werden, welche die Kirche ist. Der Staat, in seiner Entgegensetzung gegen die Kirche, ist selbst wieder die Naturseite des Ganzen, worin beide eins sind. In seiner Absolutheit mußte er das Entgegengesetzte für die Erscheinung verdrängen, eben deswegen weil er es begriff: wie der griechische Staat keine Kirche kannte, wenn man nicht die Mysterien dafür rechnen will, die aber selbst nur ein Zweig des öffentlichen Lebens waren; seit die Mysterien exoterisch sind, ist der Staat dagegen esoterisch, da in ihm nur das Einzelne im Ganzen, zu welchem es im Verhältnis der Differenz ist, nicht aber das Ganze auch im Einzelnen lebt. In der realen Erscheinung des Staats existierte die Einheit in der Vielheit, so daß sie völlig mit ihr eins war; mit der Entgegensetzung beider sind auch alle anderen in dieser begriffenen Gegensätze im Staat hervorgetreten. Die Einheit mußte das Herrschende werden, aber nicht in der absoluten, sondern abstrakten Gestalt, in der Monarchie, deren Begriff mit dem der Kirche wesentlich verflochten ist. Im Gegenteil mußte die Vielheit oder Menge, durch ihre Entgegensetzung mit der Einheit selbst, ganz in Einzelnheit zerfallen, und hörte auf Werkzeug des Allgemeinen zu sein. Wie die Vielheit in der Natur als Einbildung der Unendlichkeit in die Endlichkeit wieder absolut, in sich Einheit und Vielheit ist, so war in dem vollkommenen Staat die Vielheit eben dadurch, daß sie zu einer abgeschlossenen Welt (im Sklavenstand) organisiert war, innerhalb derselben absolut, die gesonderte, aber eben deswegen in sich bestehende, reale Seite des Staats, während aus dem gleichen Grunde die Freien in dem reinen Äther eines idealen und dem der Ideen gleichen Lebens sich bewegten. Die neue Welt ist in allen Beziehungen die Welt der Mischung, wie die alte die der reinen Sonderung und Beschränkung. Die sogenannte bürgerliche Freiheit hat nur die trübste Vermengung der Sklaverei mit der Freiheit, aber kein absolutes und eben dadurch wieder freies Bestehen der einen oder andern hervorgebracht. Die Entgegensetzung der Einheit und der Vielheit machte in dem Staat die Mittler notwendig, die aber in dieser Mitte von Herrschen und Beherrschtsein zu keiner absoluten Welt sich ausbildeten, und nur in der Entgegensetzung waren, niemals aber eine unabhängige, ihnen eigentümlich inwohnende und wesentliche Realität erlangten.

    Das erste Streben eines jeden, der die positive Wissenschaft des Rechts und des Staats selbst als ein Freier begreifen will, müßte dieses sein, sich durch die Philosophie und Geschichte die lebendige Anschauung der späteren Welt und der in ihr notwendigen Formen des öffentlichen Lebens zu verschaffen: es ist nicht zu berechnen, welche Quelle der Bildung in dieser Wissenschaft eröffnet werden könnte, wenn sie

644

mit unabhängigem Geiste, frei von der Beziehung auf den Gebrauch und an sich behandelt würde.

Die wesentliche Voraussetzung hierzu ist die echte und aus Ideen geführte Konstruktion des Staats, eine Aufgabe, von welcher bis jetzt die Republik des Plato die einzige Auflösung ist. Obgleich wir auch hierin den Gegensatz des Modernen und Antiken anerkennen müssen, wird dieses göttliche Werk doch immer das Urbild und Muster bleiben. Was sich über die wahre Synthesis des Staats in dem gegenwärtigen Zusammenhang aussprechen ließ, ist im vorhergehenden wenigstens angedeutet, und kann ohne die Ausführung oder die Hinweisung auf ein vorhandenes Dokument nicht weiter erklärt werden. Ich beschränke mich daher auf die Anzeige desjenigen, was in der bisherigen Behandlung des sogenannten Naturrechts allein beabsichtigt und geleistet worden ist.

Fast am hartnäckigsten hat in diesem Teil der Philosophie sich das analytische Wesen und der Formalismus erhalten. Die ersten Begriffe wurden entweder aus dem römischen Recht oder von irgend einer eben gangbaren Form hergenommen, so daß das Naturrecht nicht nur alle möglichen Triebe der menschlichen Natur, die ganze Psychologie, sondern auch alle erdenklichen Formeln nach und nach durchgewandert ist. Durch Analyse derselben wurde eine Reihe formaler Sätze gefunden, mit deren Hilfe man nachher in der positiven Jurisprudenz aufzuräumen hoffte.

Besonders haben Kantische Juristen diese Philosophie als Magd ihrer Szienz zu brauchen fleißig angefangen und zu diesem Behuf auch richtig immer das Naturrecht reformiert. Diese Art des Philosophierens äußert sich als ein Schnappen nach Begriffen, gleichviel welcher Art sie sind, nur daß sie eine Einzelheit seien, damit der, welcher sie aufgefangen, durch die Mühe, die er sich gibt, die übrige Masse nach ihr zu verziehen, sich das Ansehen eines eignen System geben könne, das aber dann in kurzer Zeit wieder durch ein anderes eignes verdrängt wird usw.

Das erste Unternehmen, den Staat wieder als reale Organisation zu konstruieren, war Fichtes Naturrecht. Wenn die bloß negative Seite der Verfassung, die nur auf Sicherstellung der Rechte geht, isoliert, und wenn von aller positiven Veranstaltung für die Energie die rhythmische Bewegung und die Schönheit des öffentlichen Lebens abstrahiert werden könnte: so würde sich schwerlich überhaupt ein ande-

645

res Resultat oder eine andere Form des Staats ausfindig machen lassen, als in jenem dargestellt ist. Aber das Herausheben der bloß endlichen Seite dehnt den Organismus der Verfassung in einen endlosen Mechanismus aus, in dem nichts Unbedingtes angetroffen wird. Überhaupt aber kann allen bisherigen Versuchen die Abhängigkeit ihres Bestrebens vorgeworfen werden, nämlich eine Einrichtung des Staats zu ersinnen, *damit* jenes oder dieses erreicht werde. Ob man diesen Zweck in die allgemeine Glückseligkeit, in die Befriedigung der sozialen Triebe der menschlichen Natur, oder in etwas rein Formales, wie das Zusammenleben freier Wesen unter den Bedingungen der möglichsten Freiheit, setzt, ist in jener Beziehung völlig gleichgültig; denn in jedem Fall wird der Staat nur als Mittel, als bedingt und abhängig begriffen. Alle wahre Konstruktion ist ihrer Natur nach absolut und immer nur auf Eines, auch in der besondern Form, gerichtet. So ist z.B. nicht Konstruktion des Staats als solchen, sondern des absoluten Organismus in der Form des Staats. Diesen konstruieren heißt also nicht, ihn als Bedingung der Möglichkeit von irgend etwas äußerem fassen, und übrigens, wenn er nur vorerst als das unmittelbare und sichtbare Bild des absoluten Lebens dargestellt ist, wird er auch von selbst alle Zwecke erfüllen: wie die Natur nicht ist, damit ein Gleichgewicht der Materie sei, sondern dieses Gleichgewicht ist, weil die Natur ist.

646

11. Über die Naturwissenschaft im allgemeinen

Wenn wir von der Natur absolut reden wollen, so verstehen wir darunter das Universum ohne Gegensatz, und unterscheiden nur in diesem wieder die zwei Seiten: die, in welcher die Ideen auf reale, und die, in welcher sie auf ideale Weise geboren werden. Beides geschieht durch eine und dieselbe Wirkung des absoluten Produzierens und nach den gleichen Gesetzen, so daß in dem Universum an und für sich selbst kein Zwiespalt, sondern die vollkommene Einheit ist.

Um die Natur als die allgemeine Geburt der Ideen zu fassen, müssen wir auf den Ursprung und die Bedeutung von diesen diesen selbst zurückgehen.

Jener liegt in dem ewigen Gesetze der Absolutheit, sich selbst Objekt zu sein; denn kraft desselben ist das Produzieren Gottes eine Einbildung der ganzen Allgemeinheit und Wesenheit in besondere Formen, wodurch diese, als besondere, doch zugleich Universa und das sind, was die Philosophen Monaden oder Ideen genannt haben.

Es wird in der Philosophie ausführlicher gezeigt, daß die Ideen die einzigen Mittler sind, wodurch die besonderen Dinge in Gott sein können, und daß nach diesem Gesetz so viel Universa als besondere Dinge sind, und doch, wegen der Gleichheit des Wesens, in allen nur Ein Universum. Ogleich nun die Ideen in Gott rein und absolut ideal sind, sind sie doch nicht tot, sondern lebendig, die ersten Organismen der göttlichen Selbstanschauung, die eben deswegen an allen Eigenschaften seines Wesens und in der besondern Form dennoch an der ungeteilten und absoluten Realität teilnehmen.

Kraft dieser Mitteilung sind sie, gleich Gott, produktiv, und wirken nach demselben Gesetze und auf die gleiche Weise, indem sie ihre Wesenheit in das Besondere bilden und durch einzelne und besondere Dinge erkennbar machen, in ihnen selbst und für sich ohne Zeit, vom Standpunkt der einzelnen Dinge aber und für diese in der Zeit. Die Ideen verhalten sich als die Seelen der Dinge, diese als ihre Leiber; jene sind in dieser Beziehung notwendig unendlich, diese endlich. Das Unendliche kann aber mit dem Endlichen nie anders als durch innere und wesentliche Gleichheit eins werden. Wenn also dieses nicht in sich selbst, und als endlich, das ganze Unendliche schon begreift und ausdrückt, und es selbst ist, nur von der objektiven Seite angesehen, kann auch die *Idee* nicht als Seele eintreten, und das Wesen erscheint nicht an sich selbst, sondern durch ein anderes, nämlich das Sein. Wenn dagegen das Endliche, als solches, das ganze Unendliche in sich gebildet trägt, wie der vollkommenste Organismus, der für sich schon die ganze Idee ist, tritt auch das Wesen des Dinges als Seele, als Idee hinzu, und die Realität löst sich wieder in die Idealität auf. Dies geschieht in der Vernunft, welche demnach das Zentrum der Natur und des Objektivwerdens der Ideen ist.

Wie also das Absolute in dem ewigen Erkenntnisakt sich selbst in den Ideen objektiv wird, so wirken diese auf eine ewige Weise in der Natur, welche sinnlich, d.i. vom Standpunkt der einzelnen Dinge angeschaut, diese auf zeitliche Weise gebiert, und, indem sie den göttlichen Samen der Ideen empfangen hat, endlos fruchtbar erscheint.

Wir sind bei dem Punkte, wo wir die beiden Erkenntnis- und Betrachtungsarten der Natur in ihrer Entgegensetzung verständlich machen können. Die eine, welche die Natur als das Werkzeug der Ideen, oder allgemein als die reale Seite des Absoluten und demnach selbst absolut, die andere, welche sie für sich als getrennt vom Idealen und in ihrer Relativität betrachtet Wir können die erste allgemein die philosophische, die andere die empirische nennen, und stellen die Frage über den Wert derselben so, daß wir untersuchen: ob die empirische Betrachtungsart überhaupt und in irgend einem Sinn zu einer *Wissenschaft* der Natur führen könne.

648

Es ist klar, daß die empirische Ansicht sich nicht über die Körperlichkeit erhebt und diese als etwas, das an sich selbst ist, betrachtet, da jene dagegen sie nur als das in ein Reales (durch den Akt der Subjekt-Objektivierung) verwandelte Ideale begreift. Die Ideen symbolisieren sich in den Dingen, und da sie an sich Formen des absoluten Erkennens sind, erscheinen sie in diesen als Formen des Seins, wie auch die plastische Kunst ihre Ideen tötet, um ihnen die Objektivität zu geben. Der Empirismus nimmt das Sein ganz unabhängig von seiner Bedeutung, da es die Natur des Symbols ist, ein eignes Leben in sich selbst zu haben. In dieser Trennung kann es nur als rein Endliches mit gänzlicher Negation des Unendlichen erscheinen. Und wenn nur diese Ansicht in der späteren Physik sich zur Allgemeinheit ausgebildet hätte, und jenem Begriff der Materie aus dem rein Leiblichen nicht dennoch der des Geistes absolut entgegenstünde, wodurch sie verhindert wird, wenigstens in sich selbst ein Ganzes zu sein, und diejenige Vollendung zu haben, die sie im System der alten Atomistik, vorzüglich des Epikurus, erlangt hat. Dieses befreit durch die Vernichtung der Natur selbst das Gemüt von der Sehnsucht und Furcht, anstatt daß jene vielmehr sich mit allen Vorstellungen des Dogmatismus befreundet und selbst dient, die Entzweiung zu erhalten, aus der sie hervorgegangen ist.

Dieses Denksystem, welches seinen Ursprung von Cartesius herschreibt, hat das Verhältnis des Geistes und der Wissenschaft zur Natur selbst wesentlich verändert. Ohne höhere Vorstellungen der Materie und der Natur als die Atomenlehre, und doch ohne den Mut, diese zum umfassenden Ganzen zu erweitern, betrachtet es die Natur im allgemeinen als ein verschlossenes Buch, als ein Geheimnis, das man immer nur im einzelnen, und auch dieses nur durch Zufall oder Glück, niemals aber im Ganzen erforschen könne. Wenn es wesentlich zum Begriff der Wissenschaft ist, daß sie selbst nicht atomistisch, sondern aus Einem Geiste gebildet sei, und die Idee des Ganzen den Teilen,

649

nicht umgekehrt, diese jener vorangehen, so ist schon hieraus klar, daß eine wahre Wissenschaft der Natur auf diesem Wege unmöglich und unerreichbar sei.

Die rein-endliche Auffassung hebt an und für sich schon alle organische Ansicht auf, und setzt an die Stelle derselben die einfache Reihe des Mechanismus, sowie an die Stelle der Konstruktion die Erklärung. In dieser wird von den beobachteten Wirkungen auf die Ursachen zurückgeschlossen; allein daß es eben diese und keine andern sind, würde, wenn auch übrigens die Schlußart zulässig und keine Erscheinung wäre, die unmittelbar aus einem absoluten Prinzip käme, selbst daraus nicht gewiß sein, daß jene durch sie begreiflich wären. Denn es folgt nicht, daß sie es nicht auch aus andern sein können. Nur wenn die Ursachen an sich selbst gekannt wären und von diesen auf die Wirkungen geschlossen würde, könnte der Zusammenhang beider Notwendigkeit und Evidenz haben; davon nichts zu sagen, daß die Wirkungen notdürftig wohl aus den Ursachen folgen müssen, nachdem man diese erst so ausgedacht hat, als nötig war jene daraus abzuleiten.

Das Innere aller Dinge und das, woraus alle lebendigen Erscheinungen derselben quellen, ist die Einheit des Realen und Idealen, welche, an sich absolute Ruhe, nur durch Differenzierung von außen zum Handeln bestimmt wird. Da der Grund aller Tätigkeit in der Natur Einer ist, der allgegenwärtig, durch keinen andern bedingt und in bezug auf jedes Ding absolut ist, so können sich die verschiedenen Tätigkeiten voneinander bloß der Form nach unterscheiden, keine dieser Formen aber kann wieder aus einer andern begriffen werden, da jede in ihrer Art dasselbe was die andere ist. Nicht daß eine Erscheinung von der andern abhängig, sondern daß alle aus einem gemeinschaftlichen Grunde fließen, macht die Einheit der Natur aus.

650 Selbst die Ahndung des Empirismus, daß alles in der Natur durch die prästabilierte Harmonie aller Dinge vermittelt sei, und kein Ding das andere anders als durch Vermittlung der allgemeinen Substanz verändere oder affiziere, wurde von ihm wieder mechanisch begriffen und zu dem Unding einer Wirkung in die Ferne (in der Bedeutung, welche dieser Ausdruck bei Newton und seinen Nachfolgern hat) umgedeutet.

Da die Materie kein Lebensprinzip in sich selbst hatte, und man eine Einwirkung des Geistes auf sie als Erklärungsgrund für die höchsten Erscheinungen, der willkürlichen Bewegung und ähnlicher, aufsparen wollte, so wurde für die nächsten Wirkungen etwas außer ihr angenommen, das nur gleichsam Materie sein und durch Negation der vornehmsten Eigenschaften derselben, der Schwere u. a. sich dem negativen Begriff des Geistes (als immaterieller Substanz) annähern sollte, als ob der Gegensatz zwischen beiden dadurch umgangen oder wenigstens vermindert werden könnte. Auch die Möglichkeit des Begriffs imponderabler und incoercibler Materien zugegeben, würde doch jener Erklärungsart zufolge alles in der Materie durch äußere Einwirkung gesetzt, der Tod das Erste, das Leben das Abgeleitete sein.

Selbst aber wenn von seifen des Mechanismus jede Erscheinung vollkommen durch die Erklärung begriffen würde, bliebe der Fall derselbe, wie wenn jemand den Homer oder irgend einen Autor so erklären wollte, daß er anfinge, die Form der Drucklettern begreiflich zu machen, dann zu zeigen, auf welche Weise sie zusammengestellt und endlich abgedruckt worden, und wie zuletzt jenes Werk daraus entstanden sei. Mehr oder weniger ist dies der Fall vorzüglich mit dem, was man bisher in der Naturlehre für mathematische Konstruktionen ausgegeben hat. Schon früher wurde bemerkt, daß die mathematischen Formen dabei von einem ganz bloß mechanischen Gebrauch seien. Sie sind nicht die wesentlichen Gründe der Erscheinungen selbst, welche vielmehr in etwas ganz Fremdartigem, Empirischem liegen, wie in Ansehung der Bewegungen der Weltkörper in einem Stoß, den diese nach der Seite bekommen haben. Es ist wahr, daß man durch Anwendung der Mathematik die Abstände der Planeten, die Zeit ihrer Umläufe und Wiedererscheinungen mit Genauigkeit vorherbestimmen gelernt hat, aber über das Wesen oder An-sich dieser Bewegungen ist dadurch nicht der mindeste Aufschluß gegeben worden. Die sogenannte mathematische Naturlehre ist also bis jetzt leerer Formalismus, in welchem von einer wahren Wissenschaft der Natur nichts anzutreffen ist.

651

Der Gegensatz, der zwischen Theorie und Erfahrung gemacht zu werden pflegt, hat schon darum keinen rechten Sinn, da in dem Begriff der Theorie bereits die Beziehung auf eine Besonderheit und demnach auf Erfahrung liegt. Die absolute Wissenschaft ist nicht Theorie, und der Begriff der letzteren gehört selbst der trüben Mischung von Allgemeinem und Besonderem an, worin das gemeine Wissen befangen ist. Theorie kann sich von der Erfahrung nur dadurch unterscheiden, daß sie diese abstrakter, gesonderter von zufälligen Bedingungen und in ihrer ursprünglichsten Form ausspricht. Aber eben diese herauszuheben und in jeder Erscheinung das Handeln der Natur rein darzustellen, ist auch die Sache des Experiments: beide stehen also auf gleicher Stufe. Man sieht daher nicht ein, wie das experimentierende Naturforschen sich über die Theorie auf irgend eine Weise erheben könne, da es einzig diese ist, von der jenes geleitet wird, ohne deren Eingebung es auch nicht einmal die Fragen (wie man es nennt) an die Natur tun könnte, von deren Sinnigkeit die Klarheit der Antworten abhängt, welche sie erteilt. Beide haben das gemein, daß ihr Ausgangspunkt immer der bestimmte Gegenstand, nicht ein allgemeines und absolutes Wissen ist. Beide, wenn sie ihrem Begriff treu bleiben, unterscheiden sich von dem falschen Theoretisieren, welches auf Erklärung der Naturerscheinungen geht und zu diesem Behuf die Ursachen erdichtet; denn beide beschränken sich auf das bloße Aussprechen oder Darstellen der Erscheinungen selbst, und sind hierin der Konstruktion gleich, welche ebensowenig sich mit Erklären abgibt. Wäre ihr Bestreben mit Bewußtsein verbunden, so könnten sich beide kein anderes Ziel denken, als von der Peripherie gegen das Zentrum zu dringen, wie die Konstruktion vom Zentro gegen die Peripherie geht. Allein der Weg in der ersten Richtung ist, wie der in der andern, unendlich, so daß, weil der Besitz des Mittelpunkts erste Bedingung der Wissenschaft ist, diese

652 in der ersten notwendig unerreichbar ist.

Jede Wissenschaft fordert zu ihrer objektiven Existenz eine exoterische Seite; eine solche muß es also auch für die Naturwissenschaft oder für die Seite der Philosophie geben, durch welche sie Konstruktion der Natur ist. Diese kann nur in dem Experiment und seinem notwendigen Korrelat, der Theorie (in der angegebenen Bedeutung), gefunden werden; aber diese muß nicht fordern, die Wissenschaft selbst, oder etwas anderes als die reale Seite derselben zu sein, in welcher das außereinander und in der Zeit ausgedehnt ist, was in den Ideen der ersten zumal ist. Nur dann wird die Empirie der Wissenschaft sich als Leib anschließen, wenn sie in ihrer Art dasselbe zu sein sich bestrebt, was jene in der ihrigen ist, nämlich empirische Konstruktion: dann wird sie im Geiste des Ganzen sowohl gelehrt als betrieben, wenn sie, mit Enthaltung von Erklärungen und Hypothesen, reine objektive Darstellung der Erscheinung selbst ist und keine Idee anders als durch diese auszusprechen sucht; nicht aber, wenn dürftige Empirie aus ihren verschobenen Ansichten heraus Blicke in das Universum werfen oder sie den

Gegenständen aufdringen will, oder wenn dieses empirische Beginnen gar gegen allgemein bewiesene und allgemein einzusehende Wahrheiten oder ein System von solchen mit einzelnen abgerissenen Erfahrungen, aus der Mitte einer Folge von Fällen, die sie selbst nicht übersehen kann, oder einer Menge sich durchkreuzender und verwirrender Bedingungen, sich erhebt, ein Bestreben; das in seiner Absicht gegen die Wissenschaft ebensoviel ist, als, um mich dieses bekannten Gleichnisses zu bedienen, den Durchbruch des Ozeans mit Stroh stopfen zu wollen.

Die absolute, in Ideen gegründete Wissenschaft der Natur ist demnach das Erste und die Bedingung, unter welcher zuerst die empirische Naturlehre an die Stelle ihres blinden Umherschweifens ein methodisches, auf ein bestimmtes Ziel gerichtetes Verfahren setzen kann. Denn die Geschichte der Wissenschaft zeigt, daß ein solches Konstruieren der Erscheinungen durch das Experiment, als wir gefordert haben, jederzeit nur in einzelnen Fällen wie durch Instinkt geleistet worden ist, daß also, um diese Methode der Naturforschung allgemein geltend zu machen, selbst das Vorbild der Konstruktion in einer absoluten Wissenschaft erfordert wird. 653

Die Idee einer solchen habe ich zu oft und zu wiederholt vor *Ihnen* entwickelt, als daß ich nötig achtete, sie hier weiter als in den allgemeinsten Beziehungen darzustellen.

Wissenschaft der Natur ist an sich selbst schon Erhebung über die einzelnen Erscheinungen und Produkte zur Idee dessen, worin sie eins sind und aus dem sie als gemeinschaftlichem Quell hervorgehen. Auch die Empirie hat doch eine dunkle Vorstellung von der Natur als einem Ganzen, worin Eines durch Alles und Alles durch Eines bestimmt ist. Es hilft also nicht, das Einzelne zu kennen, wenn man das Ganze nicht weiß. Aber eben der Punkt, in welchem Einheit und Allheit selbst eines sind, wird nur durch Philosophie erkannt, oder vielmehr die Erkenntnis von ihm ist die Philosophie selbst.

Von dieser ist die erste und notwendige Absicht, die Geburt aller Dinge aus Gott oder dem Absoluten zu begreifen, und inwiefern die Natur die ganze reale Seite in dem ewigen Akt der Subjekt-Objektivierung ist, ist Philosophie der Natur die erste und notwendige Seite der Philosophie überhaupt.

Das Prinzip und das Element von ihr ist die absolute Idealität, aber diese wäre ewig unerkennbar, verhüllt in sich selbst, wenn sie nicht sich als Subjektivität in die Objektivität verwandelte, von welcher

Verwandlung die erscheinende und endliche Natur das Symbol ist. Die Philosophie im ganzen ist demnach absoluter Idealismus, da auch jener Akt im göttlichen Erkennen begriffen ist, und die Naturphilosophie hat in dem ersten keinen Gegensatz, sondern nur in dem relativen Idealismus, welcher von dem absolut-Idealen bloß die eine Seite begreift. Denn die vollendete Einbildung seiner Wesenheit in die Besonderheit, bis zur Identität beider, produziert in Gott die Ideen, so daß die Einheit, wodurch diese in sich selbst und real sind, mit der, wodurch sie im Absoluten und ideal sind, unmittelbar eine und dieselbige ist. In den besonderen Dingen aber, welche von den Ideen die bloßen Abbilder sind, erscheinen diese Einheiten nicht als Eines, sondern in der Natur als der bloß relativ-realen Seite ist die erste im Übergewicht, so daß sie im Gegensatz gegen die andere Seite, wo das Ideale hüllenlos, unverstellt in ein anderes hervortritt, als das Negative, die letztere dagegen als das Positive und das Prinzip von jener erscheint, da doch beide nur die relativen Erscheinungsweisen des absolut-Idealen und in ihm schlechthin eins sind. Nach dieser Ansicht ist die Natur, nicht nur in ihrem An-sich, wo sie der ganze absolute Akt der Subjekt-Objektivierung selbst ist, sondern auch der Erscheinung nach, wo sie sich als die relativ-reale oder objektive Seite desselben darstellt, dem Wesen nach eins, und keine innerliche Verschiedenheit in ihr, in allen Dingen Ein Leben, die gleiche Macht zu sein, dieselbe Legierung durch die Ideen. Es ist keine reine Leiblichkeit in ihr, sondern überall Seele in Leib symbolisch umgewandelt, und für die Erscheinung nur ein Übergewicht des einen oder andern. Aus dem gleichen Grunde kann auch die Wissenschaft der Natur nur Eine sein, und die Teile, in welche sie der Verstand zersplittert, sind nur Zweige einer absoluten Erkenntnis.

Konstruktion überhaupt ist Darstellung des Realen im Idealen, des Besonderen im schlechthin Allgemeinen, der Idee. Alles Besondere als solches ist Form, von allen Formen aber ist die notwendige, ewige und absolute Form der Quell und Ursprung. Der Akt der Subjekt-Objektivierung geht durch alle Dinge hindurch, und pflanzt sich in den besonderen Formen fort, die, da sie alle nur verschiedene Erscheinungsweisen der allgemeinen und unbedingten, in dieser selbst unbedingt sind.

Da ferner der innere Typus aller Dinge wegen der gemeinschaftlichen Abkunft Einer sein muß, und dieser mit Notwendigkeit eingesehen werden kann, so wohnt dieselbe Notwendigkeit auch der in ihm gegründeten Konstruktion bei, welche demnach der Bestätigung der Erfahrung nicht bedarf, sondern sich selbst genügt, und auch bis dahin fortgesetzt werden kann, wohin zu dringen die Erfahrung durch unübersteigliche Grenzen gehindert ist, wie in das innere Triebwerk des organischen Lebens und der allgemeinen Bewegung.

Nicht nur für das Handeln gibt es ein Schicksal: auch dem Wissen steht das An-sich des Universums und der Natur als eine unbedingte Notwendigkeit vor, und wenn, nach dem Ausspruch eines Alten, der tapfere Mann im Kampf mit dem Verhältnis ein Schauspiel ist, auf das selbst die Gottheit mit Lust herabsieht, so ist das Ringen des Geistes nach der Anschauung der ursprünglichen Natur und des ewigen Innern ihrer Erscheinungen ein nicht minder erhebender Anblick. Wie in der Tragödie der Streit weder dadurch, daß die Notwendigkeit, noch dadurch, daß die Freiheit unterliegt, sondern allein durch die Erhebung der einen zur vollkommenen Gleichheit mit der andern wahrhaft gelöst wird: so kann auch der Geist aus jenem Kampf mit der Natur allein dadurch versöhnt heraustreten, daß sie für ihn zur vollkommenen Indifferenz mit ihm selbst und zum Idealen sich verklärt.

An jenen Widerstreit, der aus unbefriedigter Begier nach Erkenntnis der Dinge entspringt, hat der Dichter seine Erfindungen in dem eigentümlichsten Gedicht der Deutschen geknüpft und einen ewig frischen Quell der Begeisterung geöffnet, der allein zureichend war, die Wissenschaft zu dieser Zeit zu verjüngen und den Hauch eines neuen Lebens über sie zu verbreiten. Wer in das Heiligtum der Natur eindringen will, nähre sich mit diesen Tönen einer höheren Welt und sauge in früher Jugend die Kraft in sich, die wie in dichten Lichtstrahlen von diesem Gedicht ausgeht und das Innerste der Welt bewegt.

12. Über das Studium der Physik und Chemie

Den besondern Erscheinungen und Formen, welche durch Erfahrung allein erkannt werden, geht notwendig das hervor, wovon sie es sind, die Materie oder Substanz. Die Empirie kennt diese nur als Körper, d.h. als Materie mit veränderlicher Form, und denkt selbst den Urstoff, wenn sie anders darauf zurückgeht, nur als eine unbestimmbare Menge von Körpern unveränderlicher Form, die deswegen Atomen heißen.

Es fehlt ihr also die Erkenntnis der ersten Einheit, aus der alles in der Natur hervorgeht, und in die alles zurückkehrt.

Um zum Wesen der Materie zu gelangen, muß durchaus das Bild jeder besondern Art derselben, z.B. der sogenannten unorganischen oder der organischen entfernt werden, da sie an sich nur der gemeinschaftliche Keim dieser verschiedenen Formen ist. Absolut betrachtet ist sie der Akt der ewigen Selbstanschauung des Absoluten, sofern dieses in jenem sich objektiv und real macht; sowohl dieses An-sich der Materie, als wie die besondern Dinge mit den Bestimmungen der Erscheinung aus ihm hervorgehen, zu zeigen, kann allein Sache der Philosophie sein.

Von dem ersten habe ich hinlänglich schon im Vorhergehenden geredet und beschränke mich also auf das andere. Die Idee jedes besondern Dinges ist schlechthin Eine, und zu dem Werden unendlich vieler Dinge derselben Art ist die Eine Idee zureichend, deren unendliche Möglichkeit durch keine Wirklichkeit erschöpft wird. Da das erste Gesetz der Absolutheit dieses ist, schlechthin unteilbar zu sein, so kann die Besonderheit der Ideen nicht in einer Negation der andern Ideen, sondern allein darin bestehen, daß in jeder alle, aber angemessen der besonderen Form derselben, gebildet seien. Von dieser Ordnung in der Ideenwelt muß das Vorbild für die Erkenntnis der sichtbaren hergenommen werden. Auch in dieser werden die ersten Formen Einheiten sein, welche alle anderen Formen als besondere in sich tragen und aus sich produzieren, die also eben deswegen selbst als Universa erscheinen. Die Art, wie sie in die Ausdehnung übergehen und den Raum erfüllen, muß aus der ewigen Form der Einbildung der Einheit in die Vielheit selbst abgeleitet werden, die in den Ideen mit der entgegengesetzten (wie gezeigt) eins, in der Erscheinung aber als diese unterscheidbar und unterschieden ist. Der erste und allgemeine Typus der Raumerfüllung ist notwendig, daß die sinnlichen Einheiten, wie sie als Ideen aus dem Absoluten, als dem Zentro, hervorgehen, ebenso in der Erscheinung aus einem gemeinschaftlichen Mittelpunkt, oder, weil jede Idee selbst wieder produktiv ist und ein Zentrum sein kann, aus gemeinschaftlichen Zentris geboren werden, und wie ihre Vorbilder zugleich abhängig und selbständig seien.

Nach der Konstruktion der Materie ist also die Erkenntnis des Weltbaues und seiner Gesetze die erste und vornehmste in der Physik. Was die mathematische Naturlehre, seit der Zeit, daß durch Keplers göttliches Genie jene Gesetze ausgesprochen sind, für Erkenntnis derselben geleistet, ist, wie bekannt, daß sie eine den Gründen nach ganz empirische Konstruktion davon versucht hat. Man kann als allgemeine Regel annehmen, daß, was in einer angeblichen Konstruktion nicht reine allgemeine Form ist, auch keinen wissenschaftlichen Gehalt noch Wahrheit haben könne. Der Grund, aus welchem die Zentrifugalbewegung der Weltkörper abgeleitet wird, ist keine notwendige Form, ist empirisches Faktum. Die Newtonische Attraktivkraft, wenn sie auch für die auf dem Standpunkt der Reflexion haftende Betrachtung eine notwendige Annahme sein mag, ist doch für die Vernunft, die nur absolute Verhältnisse kennt, und also für die Konstruktion von keiner Bedeutung. Die Gründe der Keplerschen Gesetze lassen sich, ohne allen 658 empirischen Zusatz, rein aus der Lehre von den Ideen und den zwei Einheiten einsehen, die an sich selbst Eine Einheit sind, und kraft deren jedes Wesen, indem es in sich selbst absolut, zugleich im Absoluten ist, und umgekehrt.

Die physische Astronomie oder die Wissenschaft der besonderen Qualitäten und Verhältnisse der Gestirne beruht ihren vorzüglichsten Gründen nach ganz auf allgemeinen Ansichten, und in Beziehung auf das Planetsystem insbesondere auf der Übereinstimmung, welche zwischen diesen und den Produkten der Erde stattfindet.

Der Weltkörper gleicht der Idee, deren Abdruck er ist, darin, daß er wie diese produktiv ist und alle Formen des Universum aus sich hervorbringt. Die Materie, obgleich der Erscheinung nach der Leib des Universum, differenziert sich in sich selbst wieder zu Seele und Leib. Der Leib der Materie sind die einzelnen körperlichen Dinge, in welchem die Einheit ganz in die Vielheit und Ausdehnung verloren ist, und die deswegen als unorganisch erscheinen.

Die rein-historische Darstellung der unorganischen Formen ist zu einem abgesonderten Zweig der Kenntnis gebildet worden: nicht ohne richtigen Sinn mit Enthaltung von aller Berufung auf innere qualitative Bestimmungen. Nachdem die spezifische Verschiedenheit der Materie selbst quantitativ begriffen und die Möglichkeit gegeben ist, sie als Metamorphose einer und derselben Substanz durch bloße Formänderung darzustellen, ist auch der Weg zu einer historischen Konstruktion der Körperreihe geöffnet, zu welcher bereits durch Steffens Ideen ein entschiedener Anfang gemacht ist.

Die Geologie, welche das Gleiche in Ansehung der ganzen Erde sein müßte, dürfte keine ihrer Hervorbringungen ausschließen, und müßte die Genesis aller in historischer Stetigkeit und Wechselbestimmung zeigen. Da die reale Seite der Wissenschaft immer nur historisch sein kann (weil außer der Wissenschaft nichts ist, was unmittelbar und ursprünglich auf Wahrheit geht, als die Historie), so würde die Geologie, in der Fülle der höchsten Ausbildung, als Historie der Natur selbst, für welche die Erde nur Mittel- und Ausgangspunkt wäre, die wahre Integration und rein objektive Darstellung der Wissenschaft der Natur sein, zu welcher auch die experimentierende Physik nur einen Übergang bildet und das Mittel sein kann.

Wie die körperlichen Dinge der Leib der Materie sind, so ist die ihr eingebildete Seele das Licht. Durch die Beziehung auf die Differenz und als der unmittelbare Begriff derselben, wird das Ideale selbst endlich, und erscheint in der Unterordnung unter die Ausdehnung als ein Ideales, das den Raum zwar beschreibt, aber nicht erfüllt. Es ist also in der Erscheinung selbst zwar das Ideale, aber nicht das ganze Ideale des Akts der Subjekt-Objektivierung (indem es die eine Seite außer sich in dem Körperlichen zurückläßt), sondern das bloß relativ-Ideale.

Die Erkenntnis des Lichts ist der der Materie gleich, ja mit ihr eins, da beide nur im Gegensatz gegeneinander, als die subjektive und objektive Seite, wahrhaft begriffen werden können. Seitdem dieser Geist der Natur von der Physik gewichen ist, ist für sie das Leben in allen Teilen derselben erloschen, wie es für sie keinen möglichen Übergang von der allgemeinen zu der organischen Natur gibt. Die Newtonsche Optik ist der größte Beweis der Möglichkeit eines ganzen Gebäudes von Fehlschlüssen, die in allen seinen Teilen auf Erfahrung und Experiment gegründet ist. Als ob es nicht die, mehr oder minder bewußt, schon vorhandene Theorie wäre, welche den Sinn und die Folge der Versuche nach sich, eigenwillig bestimmt, – wenn nicht ein seltener, aber glücklicher Instinkt, oder ein durch Konstruktion gewonnener allgemeiner Schematismus die natürliche Ordnung vorschreibt, – wird das Experiment, welches wohl Einzelheiten lehren, aber nie eine ganze Ansicht geben kann, für das untrügliche Prinzip der Naturerkenntnis geachtet.

Der Keim der Erde wird nur durch das Licht entfaltet. Denn die Materie muß Form werden und in die Besonderheit übergehen, damit das Licht als Wesen und Allgemeines eintreten kann.

Die allgemeine Form der Besonderwerdung der Körper ist das, wodurch sie sich selbst gleich und in sich zusammenhängend sind. Aus den Verhältnissen zu dieser allgemeinen Form, welche die der Einbildung der Einheit in die Differenz ist, muß sich also auch alle spezifische Verschiedenheit der Materie einsehen lassen.

Das Hervorgehen aus der Identität ist in Ansehung aller Dinge unmittelbar zugleich das Zurückstreben in die Einheit, welches ihre ideale Seite ist, das, wodurch sie beseelt erscheinen.

Den Inbegriff der lebendigen Erscheinungen der Körper darzustellen, ist nach den bereits bezeichneten Gegenständen der vorzüglichste und einzige der Physik, auch inwiefern sie in der gewöhnlichen Begrenzung und Trennung von der Wissenschaft der organischen Natur gedacht wird.

Jene Erscheinungen sind, als den Körpern wesentlich inhärierende Tätigkeitsäußerungen, überhaupt dynamisch genannt worden, so wie der Inbegriff derselben nach ihren verschieden bestimmten Formen der dynamische Prozeß heißt.

Es ist notwendig, daß diese Formen auf einen gewissen Kreis eingeschlossen seien und einen allgemeinen Typus befolgen. Nur durch den Besitz desselben kann man gewiß sein, weder ein notwendiges Glied zu übersehen, noch Erscheinungen, die wesentlich eines sind, als verschiedene zu betrachten. Die gewöhnliche Experimentalphysik findet sich in Rücksicht der Mannigfaltigkeit und Einheit dieser Formen in der größten Ungewißheit, so daß jede neue Art der Erscheinung für sie Grund der Annahme eines neuen von allen verschiedenen Prinzips wird, und daß bald diese Form aus jener, bald jene aus dieser abgeleitet wird.

Stellen wir die gangbaren Theorien und die Erklärungsart jener Phänomene im allgemeinen unter den schon bestimmten Maßstab, so ist in keiner derselben irgend eines als notwendige und allgemeine Form, sondern durchaus bloß als Zufälligkeit begriffen. Denn daß es solche imponderable Flüssigkeiten gibt, als zu jenem Behuf angenommen werden, ist ohne alle Notwendigkeit, und daß diese ebenso beschaffen sind, daß ihre homogenen Elemente sich abstoßen, die heterogenen sich anziehen, wie zur Erklärung der magnetischen und elektrischen Erscheinungen angenommen wird, ist eine vollkommene Zufälligkeit. Wenn man die Welt dieser hypothetischen Elemente sich zusammensetzt, so erhält man folgendes Bild ihrer Verfassung. Zunächst in den Poren der gröberen Stoffe ist die Luft, in den Poren der Luft der Wärmestoff, in den Poren von diesem die elektrische Flüssigkeit, welche wieder in den ihrigen die magnetische, so wie diese in den Zwischenräumen, welche auch sie hat, den Äther begreift. Gleichwohl stören sich diese verschiedenen ineinander eingeschachtelten Flüssigkeiten nicht, und erscheinen nach dem Gefallen des Physikers jede in ihrer Art, ohne mit der andern vermischt zu sein, und finden sich ebenso ohne alle Verwirrung jede wieder an ihre Stelle.

Diese Erklärungsart ist also, außerdem daß sie ganz ohne wissenschaftlichen Gehalt ist, nicht einmal der empirischen Anschaulichkeit fähig.

Aus der Kantischen Konstruktion der Materie entwickelte sich zunächst eine höhere, gegen die materielle Betrachtung der Phänomene gerichtete Ansicht, die aber in allem, was sie Positives dagegen aufstellt, selbst auf einem zu untergeordneten Standpunkt zurückblieb. Die beiden Kräfte der Anziehung und Zurückstoßung, wie sie Kant bestimmt, sind bloß formelle Faktoren, durch Analysis gefundene Verstandesbegriffe, die von dem Leben und dem Wesen der Materie keine Ideen geben. Es kommt dazu, daß nach demselben die Verschiedenheit der Materie aus dem Verhältnis dieser Kräfte, das er als ein bloß arithmetisches kannte, einzusehen unmöglich ist. Die Nachfolger von Kant und die Physiker, welche eine Anwendung seiner Lehren versuchten, beschränkten sich in Ansehung der dynamischen Vorstellung auf das bloß Negative, wie in Ansehung des Lichts, von dem sie eine höhere Meinung ausgesprochen zu haben glaubten, wenn sie es nur überhaupt als immateriell bezeichneten, womit sich dann übrigens jede andere mechanische Hypothese des Euler u. a. vertrug.

Der Irrtum, der allen diesen Ansichten gemeinschaftlich zugrunde lag, ist die Vorstellung der Materie als reiner Realität: es mußte erst die allgemeine Subjekt-Objektivität der Dinge und der Materie insbesondere wissenschaftlich hergestellt sein, ehe man diese Formen, in denen ihr inneres Leben sich ausdrückt, begreifen konnte.

Das Sein jedes Dinges in der Identität als der allgemeinen Seele, und das Streben zur Wiedervereinigung mit ihr, wenn es aus der Einheit gesetzt ist, ist als allgemeiner Grund der lebendigen Erscheinungen schon im Vorhergehenden angegeben. Die besondern Formen der Tätigkeit sind keine der Materie zufällige, sondern ursprünglich eingeborene und notwendige Formen. Denn wie die Einheit der Idee im

Sein zu drei Dimensionen sich ausbreitet, drückt auch das Leben und die Tätigkeit sich in demselben Typus und durch drei Formen aus, welche demnach dem Wesen der Materie so notwendig als jene inhärieren. Durch diese Konstruktion ist nicht allein gewiß, daß es nur diese drei Formen der lebendigen Bewegung der Körper gibt, sondern es ist auch für alle besonderen Bestimmungen derselben das allgemeine Gesetz gefunden, aus dem sie als notwendige eingesehen werden können.

Ich beschränke mich hier zunächst auf den chemischen Prozeß, da die Wissenschaft seiner Erscheinungen zu einem besondern Zweig der Naturkenntnis gebildet worden ist.

Das Verhältnis der Physik zur Chemie hat sich in der neueren Zeit fast zu einer gänzlichen Unterordnung der ersten unter die letzte entschieden. Der Schlüssel zur Erklärung aller Naturerscheinungen, auch der höheren Formen, des Magnetismus, der Elektrizität usw. sollte in der Chemie gegeben sein, und je mehr allmählich alle Naturerklärung auf diese zurückgebracht wurde, desto mehr verlor sie selbst die Mittel, ihre eignen Erscheinungen zu begreifen. Noch von der Jugendzeit der Wissenschaft her, wo die Ahndung der inneren Einheit aller Dinge dem menschlichen Geist näher lag, hatte die jetzige Chemie einige bildliche Ausdrücke, wie Verwandtschaft u. a. behalten, die aber, weit entfernt Andeutungen einer Idee zu sein, in ihr vielmehr nur Freistätten der Unwissenheit wurden. Das oberste Prinzip und die äußerste Grenze aller Erkenntnis wurde immer mehr das, was sich durch das Gewicht erkennen läßt, und jene der Natur eingeborenen, in ihr waltenden Geister, welche die unvertilgbaren Qualitäten wirken, wurden selbst Materien, die in Gefäßen aufgefangen und eingesperrt werden konnten.

Ich leugne nicht, daß die neuere Chemie uns mit vielen Tatsachen bereichert hat, obgleich es immer wünschenswert bleibt, daß diese neue Welt gleich anfangs durch ein höheres Organ entdeckt worden wäre, und die Einbildung lächerlich ist, in der Aneinanderreihung jener Tatsachen, die durch nichts als die unverständlichen Worte Stoff, Anziehung usw. zusammengehalten wird, eine Theorie erlangt zu haben, da man nicht einmal einen Begriff von Qualität, von Zusammensetzung, Zerlegung usw. hatte.

Es mag vorteilhaft sein, die Chemie von der Physik abgesondert zu behandeln; aber dann muß sie auch als bloße experimentierende Kunst,

663

ohne allen Anspruch auf Wissenschaft, betrachtet werden. Die Konstruktion der chemischen Erscheinungen gehört nicht einer besonderen Szienz, sondern der allgemeinen und umfassenden Wissenschaft der Natur an, in der sie nicht außer dem Zusammenhang des Ganzen und als Phänomene von eigentümlicher Gesetzmäßigkeit, sondern als einzelne Erscheinungsweisen des allgemeinen Lebens der Natur erkannt werden.

Die Darstellung des allgemeinen dynamischen Prozesses, der im Weltsystem überhaupt und in Ansehung des Ganzen der Erde stattfindet, ist im weitesten Sinn Meteorologie und insofern ein Teil der physischen Astronomie, da auch die allgemeinen Veränderungen der Erde nur durch ihr Verhältnis zum allgemeinen Weltbau vollkommen gefaßt werden können.

Die Mechanik betreffend, von der ein großer Teil in die Physik aufgenommen worden ist, so gehört diese der angewandten Mathematik an; der allgemeine Typus ihrer Formen aber, welche nur die, rein objektiv ausgedrückten, gleichsam getöteten Formen des dynamischen Prozesses sind, ist ihr durch die Physik vorgezeichnet.

Das Gebiet der letztern in ihrer gewöhnlichen Absonderung beschränkt sich auf die Sphäre des allgemeinen Gegensatzes zwischen dem Licht und der Materie oder Schwere. Die absolute Wissenschaft der Natur begreift in einem und demselben Ganzen sowohl diese Erscheinungen der getrennten Einheit, als die der höheren, organischen Welt, durch deren Produkte die ganze Subjekt-Objektivierung, in ihren zwei Seiten zugleich, erscheint.

664

13. Über das Studium der Medizin und der

organischen Naturlehre überhaupt

Wie der Organismus, nach der ältesten Ansicht, nichts anderes als die Natur im Kleinen und in der vollkommensten Selbstanschauung ist, so muß auch die Wissenschaft desselben alle Strahlen der allgemeinen Erkenntnis der Natur wie in einen Brennpunkt zusammenbrechen und eins machen. Fast zu jeder Zeit wurde die Kenntnis der allgemeinen Physik wenigstens als notwendige Stufe und Zugang zu dem Heiligtum des organischen Lebens betrachtet. Aber welches wissenschaftliche

Vorbild konnte die organische Naturlehre von der Physik entlehnen, die selbst ohne die allgemeine Idee der Natur, jene nur mit ihren eignen Hypothesen beschweren und verunstalten konnte, wie es allgemein genug geschehen ist, seitdem die Schranken, wodurch man die allgemeine und die lebendige Natur voneinander getrennt glaubte, mehr oder weniger durchbrochen wurden?

Der Enthusiasmus des Zeitalters für Chemie hat diese auch zum Erkenntnisgrund aller organischen Erscheinungen und das Leben selbst zu einem chemischen Prozeß gemacht. Die Erklärungen der ersten Bildung des Lebendigen durch Wahlanziehung oder Kristallisation, der organischen Bewegungen und selbst der sogenannten Sinneswirkungen durch Mischungsveränderungen und Zersetzungen gehen vortrefflich vonstatten, nur daß diejenigen, die sie machen, vorerst noch zu erklären haben, was denn Wahlanziehung und Mischungsveränderung selbst sei, eine Frage, welche beantworten zu können, sie sich ohne Zweifel bescheiden.

Mit dem bloßen Übertragen, Anwenden von dem einen Teil der Naturwissenschaft auf den andern ist es nicht getan: jeder ist in sich absolut, keiner von dem andern abzuleiten, und alle können nur dadurch wahrhaft eins werden, daß in jedem für sich das Besondere aus dem Allgemeinen und aus einer absoluten Gesetzmäßigkeit begriffen wird.

Daß nun erstens die Medizin allgemeine Wissenschaft der organischen Natur werden müsse, von welcher die sonst getrennten Teile derselben sämtlich nur Zweige wären, und daß um ihr sowohl diesen Umfang und innere Einheit, als den Rang einer Wissenschaft zu geben, die ersten Grundsätze, auf denen sie ruht, nicht empirisch oder hypothetisch, sondern durch sich selbst gewiß und philosophisch sein müssen: dies ist zwar seit einiger Zeit allgemeiner gefühlt und anerkannt worden, als es in Ansehung der übrigen Teile der Naturlehre der Fall ist. Aber auch hier sollte die Philosophie vorerst kein weiteres Geschäft haben, als in die vorhandene und gegebene Mannigfaltigkeit die äußere formale Einheit zu bringen, und den Ärzten, deren Wissenschaft durch Dichter und Philosophen seit geraumer Zeit zweideutig geworden war, wieder einen guten Namen zu machen. Wenn Browns Lehre durch nichts ausgezeichnet wäre als durch die Reinheit von empirischen Erklärungen und Hypothesen, die Anerkennung und Durchführung des großen Grundsatzes der bloß quantitativen Verschiedenheit aller Erscheinungen, und die Konsequenz, mit der sie aus Einem ersten Prinzip folgert, ohne sich etwas anderes zugeben zu lassen oder je von der Bahn der Wissenschaft abzuschweifen: so wäre ihr Urheber schon dadurch einzig in der bisherigen Geschichte der Medizin und der Schöpfer einer neuen Welt auf diesem Gebiet des Wissens. Es ist wahr, er bleibt bei dem Begriff der Erregbarkeit stehen und hat von diesem selbst keine wissenschaftliche Erkenntnis, aber er verweigert zugleich alle empirische Erklärung davon, und warnt, sich nicht auf die Ungewisse Untersuchung der Ursachen, das Verderben der Philosophie, einzulassen. Ohne Zweifel hat er damit nicht geleugnet, daß es eine höhere Sphäre des Wissens gebe, in welcher jener Begriff selbst wieder als ein abzuleitender eintreten und aus höheren ebenso konstruiert werden könne, wie er selbst aus ihm die abgeleiteten Formen der Krankheit hervorgehen läßt.

Der Begriff der Erregbarkeit ist ein bloßer Verstandesbegriff, wodurch zwar das einzelne organische Ding, aber nicht das Wesen des Organismus bestimmt ist. Denn das absolut-Ideale, welches in ihm ganz objektiv und subjektiv zugleich, als Leib und als Seele erscheint, ist an sich außer aller Bestimmbarkeit; das einzelne Ding aber, der organische Leib, den es sich als Tempel erbaut, ist durch äußere Dinge bestimmbar und notwendig bestimmt. Da nun jenes über die Einheit der Form und des Wesens im Organismus wacht, als in welcher allein dieser das Symbol von ihm ist, so wird es durch jede Bestimmung von außen, wodurch die erste verändert wird, zur Wiederherstellung und demnach zum Handeln bestimmt. Es ist also immer nur indirekt, nämlich durch Veränderung der äußern Bedingungen des Lebens, niemals aber an sich selbst bestimmbar.

Das, wodurch der Organismus Ausdruck der ganzen Subjekt-Objektivierung ist, ist, daß die Materie, welche auf der tieferen Stufe dem Licht entgegengesetzt und als Substanz erschien, in ihm dem Licht verbunden (und weil beide, vereinigt, sich nur als Attribute von einem und demselbigen verhalten können) bloßes Akzidens des An-sich des Organismus und demnach ganz Form wird. In dem ewigen Akt der Umwandlung der Subjektivität in die Objektivität kann die Objektivität oder die Materie nur Akzidens sein, dem die Subjektivität als das Wesen oder die Substanz entgegensteht, welche aber in der Entgegensetzung selbst die Absolutheit ablegt und als bloß relativ-Ideales (im Licht) erscheint. Der Organismus ist es also, welcher Substanz und

111

Akzidens als vollkommen eins und, wie in dem absoluten Akt der Subjekt-Objektivierung, in eins gebildet darstellt.

Dieses Prinzip der Formwerdung der Materie bestimmt nicht allein die Erkenntnis des Wesens, sondern auch der einzelnen Funktionen des Organismus, deren Typus mit dem allgemeinen der lebendigen Bewegungen derselbe sein muß, nur daß die Formen, wie gesagt, mit der Materie selbst eins sind und ganz in sie übergehen. Wenn man alle Versuche der Empirie, diese Funktionen sowohl überhaupt als ihren besondern Bestimmungen nach zu erklären, durchgeht, so findet sich auch nicht in Einer derselben eine Spur des Gedankens, sie als allgemeine und notwendige Formen zu fassen. Die zufällige Existenz unwägbarer Flüssigkeiten in der Natur, für welche ebenso zufälligerweise in der Konformation des Organismus gewisse Bedingungen der Anziehung, der Zusammensetzung und Zerlegung gegeben sind, ist auch hier das letzte trostlose Asyl der Unwissenheit. Und dennoch ist selbst mit diesen Annahmen noch keine Erklärung dahin gelangt, irgend eine organische Bewegung z.B. der Kontraktion auch nur von selten ihres Mechanismus begreiflich zu machen. Man fiel zwar sehr frühzeitig auf die Analogie zwischen diesen Erscheinungen und denen der Elektrizität; aber da man diese selbst nicht als allgemeine, sondern nur als besondere Form kannte und auch keinen Begriff von Potenzen in der Natur hatte, so wurden die ersten, anstatt mit den andern auf die gleiche Stufe, wenn nicht auf die höhere, gesetzt zu werden, vielmehr von ihnen abgeleitet und als bloße Wirkungen von ihnen begriffen: wobei, auch das elektrische Wesen als Tätigkeitsprinzip zugegeben, den eigentümlichen Typus der Zusammenziehung zu erklären, noch neue Hypothesen erfordert wurden.

Die Formen der Bewegung, welche in der anorgischen Natur schon durch Magnetismus, Elektrizität und chemischen Prozeß ausgedrückt sind, sind allgemeine Formen, die in den letzteren selbst bloß auf eine besondere Weise erscheinen. In ihrer Gestalt als Magnetismus usw. stellen sie sich als bloße von der Substanz der Materie verschiedene Akzidenzen dar. In der höheren Gestalt, welche sie durch den Organismus erhalten, sind sie Formen, die zugleich das Wesen der Materie selbst sind.

Für die körperlichen Dinge, deren Begriff bloß der unmittelbare Begriff von ihnen selbst ist, fällt die unendliche Möglichkeit aller als Licht außer ihnen: im Organismus, dessen Begriff unmittelbar zugleich der Begriff anderer Dinge ist, fällt das Licht in das Ding selbst, und in gleichem Verhältnis wird auch die zuvor als Substanz angeschaute Materie ganz als Akzidens gesetzt.

Entweder ist nun das ideelle Prinzip der Materie nur für die erste Dimension verbunden: in diesem Fall ist jene auch nur für die letztere als Dimension des in-sich-selbst-Seins von der Form durchdrungen und mit ihr eins; das organische Wesen enthält bloß die unendliche Möglichkeit von sich selbst als Individuum oder als Gattung. Oder das Licht hat auch in der andern Dimension der Schwere sich vermählt: so ist die Materie zugleich für diese, welche die des Seins in andern Dingen ist, als Akzidens gesetzt, und das organische Wesen enthält die unendliche Möglichkeit anderer Dinge außer ihm. In dem ersten Verhältnis, welches das der Reproduktion ist, waren Möglichkeit und Wirklichkeit beide auf das Individuum beschränkt und dadurch selbst eins; in dem andern, welches das der selbständigen Bewegung ist, geht das Individuum über seinen Kreis hinaus auf andere Dinge: Möglichkeit und Wirklichkeit können hier also nicht in ein und dasselbige fallen, weil die andern Dinge ausdrücklich als andere, als außer dem Individuum befindliche gesetzt sein sollen. Wenn aber die beiden vorhergehenden Verhältnisse in dem höheren verknüpft werden und die unendliche Möglichkeit anderer Dinge doch zugleich als Wirklichkeit in dasselbige fällt, worein jene, so ist damit die höchste Funktion des ganzen Organismus gesetzt; die Materie ist in jeder Beziehung und ganz Akzidens des Wesens, des Idealen, welches an sich produktiv, aber hier, in der Beziehung auf ein endliches Ding, als ideal zugleich sinnlich-produzierend, also anschauend ist.

Wie auch die allgemeine Natur nur in der göttlichen Selbstbeschauung besteht und die Wirkung von ihr ist, so ist in den lebenden Wesen dieses ewige Produzieren selbst erkennbar gemacht und objektiv geworden. Es bedarf kaum des Beweises, daß in diesem höheren Gebiet der organischen Natur, wo der ihr eingeborne Geist seine Schranken durchbricht, jede Erklärung, die sich auf die gemeinen Vorstellungen von der Materie stützt, so wie alle Hypothesen, durch welche die untergeordneten Erscheinungen noch notdürftig begreiflich gemacht werden, völlig unzureichend werden; weshalb auch die Empirie dieses Gebiet allmählich ganz geräumt und sich teils hinter die Vorstellungen des Dualismus teils in die Teleologie zurückgezogen hat.

Nach Erkenntnis der organischen Funktionen in der Allgemeinheit und Notwendigkeit ihrer Formen ist die der Gesetze, nach welchen 669 ihr Verhältnis untereinander, sowohl im Individuum als in der gesamten Welt der Organisationen, bestimmt ist, die erste und wichtigste.

Das Individuum ist in Ansehung desselben auf eine gewisse Grenze eingeschränkt, welche nicht überschritten werden kann, ohne sein Bestehen als Produkt unmöglich zu machen: es ist dadurch der Krankheit unterworfen. Die Konstruktion dieses Zustandes ist ein notwendiger Teil der allgemeinen organischen Naturlehre, und von dem, was man Physiologie genannt hat, nicht zu trennen. In der größten Allgemeinheit kann sie vollkommen aus den höchsten Gegensätzen der Möglichkeit und Wirklichkeit im Organismus und der Störung des Gleichgewichtes beider geführt werden: die besondern Formen und Erscheinungen der Krankheit aber sind allein aus dem veränderten Verhältnis der drei Grundformen der organischen Tätigkeit erkennbar. Es gibt ein doppeltes Verhältnis des Organismus, wovon ich das erste das natürliche nennen möchte, weil es als ein rein quantitatives der innern Faktoren des Lebens zugleich ein Verhältnis zu der Natur und den äußern Dingen ist. Das andere, welches ein Verhältnis der beiden Faktoren in bezug auf die Dimensionen ist, und die Vollkommenheit bezeichnet, in welcher der Organismus Bild des Universum, Ausdruck des Absoluten ist, nenne ich das göttliche Verhältnis. Brown hat allein auf das erste als das vornehmste für die medizinische Kunst reflektiert, aber deshalb das andere nicht positiv ausgeschlossen, dessen Gesetze allein den Arzt die Gründe der Formen, den ersten und hauptsächlichsten Sitz des Mißverhältnisses lehren, ihn in der Wahl der Mittel leiten, und über das, was der Mangel an Abstraktion das Spezifische in der Wirkung der letztern sowohl als in den Erscheinungen der Krankheit genannt hat, verständigen. Daß nach dieser Ansicht auch die Lehre von den Arzneimitteln keine eigne Szienz, sondern nur ein Element der allgemeinen Wissenschaft der organischen Natur sei, versteht sich von selbst.

Ich müßte nur das von würdigen Männern vielfach Gesagte wiederholen, wenn ich beweisen wollte, daß die Wissenschaft der Medizin in diesem Sinne nicht nur überhaupt philosophische Bildung des Geistes, sondern auch Grundsätze der Philosophie voraussetze; und wenn 670 es zur Überzeugung von dieser Wahrheit für die Verständigen noch etwas außer den allgemeinen Gründen bedürfte, wären es folgende

Betrachtungen: daß in Ansehung dieses Gegenstandes das Experiment, die einzig mögliche Art der Konstruktion für die Empirie, an sich unmöglich ist, daß alle angebliche medizinische Erfahrung ihrer Natur nach zweideutig ist, und mittelst derselben über Wert oder Unwert einer Lehre niemals entschieden werden kann, weil in jedem Fall die Möglichkeit bleibt, daß sie falsch angewendet worden; daß in diesem Teile des Wissens, wenn in irgend einem andern, die Erfahrung erst durch die Theorie möglich gemacht werde, wie die durch die Erregungstheorie gänzlich veränderte Ansicht aller vergangenen Erfahrung hinlänglich beurkundet. Zum Überfluß könnte man sich auf die Werke und Hervorbringungen derjenigen berufen, die, ohne den geringsten Begriff oder einige Wissenschaft erster Grundsätze, durch die Macht der Zeit getrieben, die neue Lehre, obgleich sie ihnen unverständlich ist, dennoch in Schriften oder Lehrvorträgen behaupten wollen, und selbst den Schülern lächerlich werden, indem sie das Unvereinbare und Widersprechende damit zu vereinen suchen, auch das Wissenschaftliche wie einen historischen Gegenstand behandeln, und da sie von Beweisen reden, doch immer nur zu erzählen vermögen: auf die man anwenden möchte, was zu seiner Zeit Galenus von dem großen Haufen der Ärzte gesagt hat: so ungeübt und ungebildet und dabei so frech und schnell im Beweisen, wenn sie schon nicht wissen, was ein Beweis ist – wie soll man mit diesen vernunftlosen Wesen *noch* länger streiten und seine Zeit an ihren Erbärmlichkeiten verlieren!

Dieselben Gesetze, welche die Metamorphosen der Krankheit bestimmen, bestimmen auch die allgemeinen und bleibenden Verwandlungen, welche die Natur in der Produktion der verschiedenen Gattungen übt. Denn auch diese beruhen einzig auf der steten Wiederholung eines und desselben Grundtypus mit beständig veränderten Verhältnissen, und es ist offenbar, daß die Medizin erst dann in die allgemeine organische Naturlehre vollkommen sich auflösen wird, wenn sie die Geschlechter der Krankheiten, dieser idealen Organismen, mit der gleichen Bestimmtheit wie die echte Naturgeschichte die Geschlechter der realen Organismen konstruiert, wo denn beide notwendig als sich entsprechend erscheinen müssen.

Aber was kann die historische Konstruktion der Organismen, welche den schaffenden Geist durch seine Labyrinthe verfolgt, anders leiten als die Form der äußern Bildung, da kraft des ewigen Gesetzes der Subjekt-Objektivierung das Äußere in der ganzen Natur Ausdruck und

Symbol des Inneren ist, und sich ebenso regelmäßig und bestimmt wie dieses verändert?

Die Denkmäler einer wahren Geschichte der organisch-zeugenden Natur sind also die sichtbaren Formen lebendiger Bildungen von der Pflanze bis zum Gipfel des Tiers, deren Kenntnis man bisher, in einseitigem Sinne, als vergleichende Anatomie bezeichnet hat. Zwar leidet es keinen Zweifel, daß in dieser Art des Wissens Vergleichung das erste leitende Prinzip ist: aber nicht Vergleichung mit irgend einem empirischen Vorbild, am wenigsten mit der menschlichen Bildung, welche als die vollendetste nach einer Richtung zugleich an der Grenze der Organisation steht. Die erste Beschränkung der Anatomie überhaupt auf die des menschlichen Körpers hatte zwar in dem Gebrauch, der von derselben in der Arzneikunst beabsichtigt wurde, einen sehr einleuchtenden Grund, war aber der Wissenschaft selbst in keinem Betracht vorteilhaft. Nicht nur weil die menschliche Organisation so verborgen ist, daß, um der Anatomie derselben auch nur diejenige Vollkommenheit zu geben, die sie jetzt hat, die Vergleichung mit andern Organisationen notwendig war, sondern auch, weil sie, durch ihre Potenziertheit selbst, den Gesichtspunkt für die übrigen verrückt und die Erhebung zu einfachen und allgemeinen Ansichten erschwert. Die Unmöglichkeit, über die Gründe einer so verwickelten Bildung im Einzelnen die geringste Rechenschaft abzulegen, nachdem man sich selbst den Weg dazu versperrt hatte, führte die Trennung der Anatomie und Physiologie, die sich beide wie Äußeres und Inneres entsprechen müßten, und jene ganz mechanische Art des Vertrags herbei, der in den meisten Lehrbüchern und auf Akademien der herrschende ist.

Der Anatom, welcher seine Wissenschaft zugleich als Naturforscher und im allgemeinen Geiste behandeln wollte, müßte zuvörderst erkennen, daß es einer Abstraktion, einer Erhebung über die gemeine Ansicht bedarf, um die wirklichen Formen auch nur historisch wahr auszusprechen. Er begreife das Symbolische aller Gestalten, und daß auch in dem Besondern immer eine allgemeine Form, wie in dem Äußern ein innerer Typus, ausgedrückt ist. Er frage nicht: wozu dient dieses oder jenes Organ? sondern: wie ist es entstanden? und zeige die reine Notwendigkeit seiner Formation. Je allgemeiner, je weniger auf den besondern Fall eingerichtet die Ansichten sind, aus denen er die Genesis der Formen herleitet, desto eher wird er die unaussprechliche Naivität der Natur in so vielen ihrer Bildungen erreichen und fassen. Am wenigsten

672

wolle er, indem er die Weisheit und Vernunft Gottes zu bewundern meint, seine eigne Unweisheit und Unvernunft zu bewundern geben.

Beständig sei in ihm die Idee von der Einheit und inneren Verwandtschaft aller Organisationen, der Abstammung von Einem Urbild, dessen Objektives allein veränderlich, das Subjektive aber unveränderlich ist: und jene darzustellen, halte er für sein einziges wahres Geschäft. Er bemühe sich vor allem um das Gesetz, nach welchem jene Veränderlichkeit stattfindet: er wird erkennen, daß, weil das Urbild an sich immer dasselbige bleibt, auch das, wodurch es ausgedrückt wird, nur der Form nach veränderlich sein könne, daß also eine gleiche Summe von Realität in allen Organisationen verwendet und nur verschiedentlich genutzt wird; daß eine Ersetzung des Zurückstehens der einen Form durch das Hervortreten der andern und des Übergewichts von dieser durch das Zurückdrängen von jener statthabe. Er wird sich aus Vernunft und Erfahrung einen Schematismus aller innern und äußern Dimensionen entwerfen, in welche sich der produktive Trieb werfen kann, wodurch er für die Einbildungskraft ein Prototyp aller Organisationen gewinnt, das in seinen äußersten Grenzen unbeweglich, innerhalb derselben aber der größten Freiheit der Bewegung fähig ist.

Die historische Konstruktion der organischen Natur würde, in sich vollendet, die reale und objektive Seite der allgemeinen Wissenschaft derselben zum vollkommenen Ausdruck der Ideen in dieser, und dadurch mit ihr selbst wahrhaft eins machen.

14. Über die Wissenschaft der Kunst, in bezug auf das akademische Studium

Wissenschaft der Kunst kann vorerst die historische Konstruktion derselben bedeuten. In diesem Sinne fordert sie als äußere Bedingung notwendig unmittelbare Anschauung der vorhandenen Denkmäler. Da diese in Ansehung der Werke der Dichtkunst allgemein möglich ist, wird auch jene in der angegebenen Beziehung, als Philologie, ausdrücklich unter die Gegenstände des akademischen Vertrags gezählt. Demungeachtet wird auf Universitäten nichts seltener gelehrt als Philologie in dem zuvor bestimmten Sinne, welches nicht zu verwundern, da jene ebenso sehr Kunst ist wie die Poesie, und der Philologe nicht minder als der Dichter geboren wird.

Noch viel weniger also ist die Idee einer historischen Konstruktion der Werke bildender Kunst auf Universitäten zu suchen, da sie der unmittelbaren Anschauung derselben beraubt sind, und wo etwa auch ehrenhalber, mit Unterstützung einer reichen Bibliothek, solche Vorträge versucht werden, schränken sie sich von selbst auf die bloß gelehrte Kenntnis der Kunstgeschichte ein.

Universitäten sind nicht Kunstschulen. Noch weniger also kann die Wissenschaft derselben in praktischer oder technischer Absicht auf ihnen gelehrt werden.

Es bleibt also nur die ganz spekulative übrig, welche nicht auf Ausbildung der empirischen, sondern der intellektuellen Anschauung der Kunst gerichtet wäre. Aber eben hiermit wird die Voraussetzung einer philosophischen Konstruktion der letzteren gemacht, gegen welche sich von selten der Philosophie wie der Kunst bedeutende Zweifel erheben. 674

Sollte zuvörderst der Philosoph, dessen intellektuelle Anschauung allein auf die, sinnlichen Augen verborgene und unerreichbare, nur dem Geiste zugängliche Wahrheit gerichtet sein soll, sich mit der Wissenschaft der Kunst befassen, welche nur die Hervorbringung des schönen Scheins zur Absicht hat, und entweder bloß die täuschenden Nachbilder von jener zeigt, oder ganz sinnlich ist, wie sie der größte Teil der Menschen begreift, der sie als Sinnenreiz, als Erholung, Abspannung des durch ernstere Geschäfte ermüdeten Geistes ansieht, als angenehme Erregung, die vor jeder andern nur das voraus hat, daß sie durch ein zarteres Medium geschieht, wodurch sie aber Tür das Urteil des Philosophen, außerdem daß er sie als eine Wirkung des sinnlichen Triebes betrachten muß, nur das noch verwerflichere Gepräge der Verderbnis und der Zivilisation erhalten kann. Nach dieser Vorstellung derselben könnte Philosophie sich von der schlaffen Sinnlichkeit, welche die Kunst sich wegen dieser Beziehung gefallen läßt, nur durch absolute Verdammung derselben unterscheiden.

Ich rede von einer heiligeren Kunst, derjenigen, welche, nach den Ausdrücken der Alten, ein Werkzeug der Götter, eine Verkündigerin göttlicher Geheimnisse, die Enthüllerin der Ideen ist, von der ungebornen Schönheit, deren unentweihter Strahl nur reine Seelen inwohnend erleuchtet, und deren Gestalt dem sinnlichen Auge ebenso verborgen und unzugänglich ist als die der gleichen Wahrheit. Nichts von dem, was der gemeinere Sinn Kunst nennt, kann den Philosophen beschäftigen: sie ist ihm eine notwendige, aus dem Absoluten unmittelbar ausfließende Erscheinung, und nur sofern sie als solche dargetan und bewiesen werden kann, hat sie Realität für ihn.

»Aber hat nicht selbst der göttliche Plato in seiner Republik die nachahmende Kunst verdammt, die Poeten aus seinem Vernunftstaat verbannt, nicht nur als unnütze, sondern als verderbliche Glieder, und kann irgend eine Autorität beweisender für die Unverträglichkeit der Poesie und Philosophie sein, als dieses Urteil des Königs der Philosophen?«

Es ist wesentlich, den bestimmten Standpunkt zu erkennen, aus welchem Plato jenes Urteil über die Dichter spricht; denn wenn irgend ein Philosoph die Absonderung der Standpunkte beobachtet hat, ist es dieser, und ohne jene Unterscheidung würde es, wie überall, so hier insbesondere, unmöglich sein, seinen beziehungsreichen Sinn zu fassen, oder die Widersprüche seiner Werke über denselbigen Gegenstand zu vereinigen. Wir müssen uns vorerst entschließen, die höhere Philosophie und die des Plato insbesondere als den entschiedenen Gegensatz in der griechischen Bildung, nicht nur in Beziehung auf die sinnlichen Vorstellungen der Religion, sondern auch auf die objektiven und durchaus realen Formen des Staates, zu denken. Ob nun in einem ganz idealen und gleichsam innerlichen Staat, wie der Platonische, von der Poesie auf andere Weise die Rede sein könne, und jene Beschränkung, die er ihr auferlegt, nicht eine notwendige sei, die Beantwortung dieser Frage würde uns hier zu weit führen. Jener Gegensatz aller öffentlichen Formen gegen die Philosophie mußte notwendig eine gleiche Entgegensetzung der letzteren gegen die erstere hervorbringen, wovon Plato weder das früheste noch das einzige Beispiel ist. Von Pythagoras an und noch weiter zurück bis auf Plato herab erkennt sich die Philosophie selbst als eine exotische Pflanze im griechischen Boden, ein Gefühl, das schon in dem allgemeinen Trieb sich ausdrückte, welcher diejenigen, die entweder durch die Weisheit früherer Philosophen oder die Mysterien in höhere Lehren eingeweiht waren, nach dem Mutterland der Ideen, dem Orient, führte.

Aber auch abgesehen von dieser bloß historischen, nicht philosophischen, Entgegensetzung, die letztere vielmehr zugegeben, was ist Platos Verwerfung der Dichtkunst, verglichen insbesondere mit dem, was er in andern Werken zum Lob der enthusiastischen Poesie sagt, anders als Polemik gegen den poetischen Realismus, eine Vorahndung der späteren Richtung des Geistes überhaupt und der Poesie insbesondere? Am wenigsten könnte jenes Urteil gegen die christliche Poesie geltend gemacht werden, welche im Ganzen ebenso bestimmt den Charakter des Unendlichen trägt, wie die antike im Ganzen den des Endlichen. Daß wir die Grenzen, welche die letztere hat, genauer bestimmen können als Plato, der ihren Gegensatz nicht kannte, daß wir eben deswegen uns zu einer umfassenderen Idee und Konstruktion der Poesie als er erheben, und das, was er als das Verwerfliche der Poesie seiner Zeit betrachtete, nur als die schöne Schranke derselben bezeichnen, verdanken wir der Erfahrung der späteren Zeit, und sehen als Erfüllung, was Plato weissagend vermißte. Die christliche Religion und mit ihr der aufs Intellektuelle gerichtete Sinn, der in der alten Poesie weder seine vollkommene Befriedigung noch selbst die Mittel der Darstellung finden konnte, hat sich eine eigne Poesie und Kunst geschaffen, in der er sie findet: dadurch sind die Bedingungen der vollständigen und ganz objektiven Ansicht der Kunst, auch der antiken, gegeben.

Es erhellt hieraus, daß die Konstruktion derselben ein würdiger Gegenstand nicht nur überhaupt des Philosophen, sondern auch insbesondere des christlichen Philosophen sei, der sich ein eignes Geschäft daraus zu machen hat, das Universum derselben zu ermessen und darzustellen.

Aber ist, um die andere Seite dieses Gegenstandes herauszukehren, seinerseits nun der Philosoph geeignet, das Wesen der Kunst zu durchdringen und mit Wahrheit darzustellen?

»Wer kann, so höre ich fragen, von jenem göttlichen Prinzip, das den Künstler treibt, jenem geistigen Hauch, der seine Werke beseelt, würdig reden, als wer selbst von dieser heiligen Flamme ergriffen ist? Kann man versuchen, dasjenige der Konstruktion zu unterwerfen, was ebenso unbegreiflich in seinem Ursprung als wundervoll in seinen Wirkungen ist? Kann man das unter Gesetze bringen und bestimmen wollen, dessen Wesen es ist, kein Gesetz als sich selbst anzuerkennen? Oder ist nicht das Genie durch Begriffe so wenig zu fassen, als es durch Gesetze erschaffen werden kann? Wer wagt es, noch über das hinaus einen Gedanken haben zu wollen, was offenbar das Freieste, das Absoluteste ist im ganzen Universum, wer über die letzten Grenzen hinaus seinen Gesichtskreis zu erweitern, um dort neue Grenzen zu stecken?«

So könnte ein gewisser Enthusiasmus reden, der die Kunst nur in ihren Wirkungen aufgefaßt hätte, und weder sie selbst wahrhaft noch die Stelle kennte, welche der Philosophie im Universum angewiesen ist. Denn auch angenommen, daß die Kunst aus nichts Höherem begreiflich sei, so ist doch so durchgreifend, so allwaltend das Gesetz des Universum, daß alles, was in ihm begriffen ist, in einem andern sein Vorbild oder Gegenbild habe, so absolut die Form der allgemeinen Entgegenstellung des Realen und Idealen, daß auch auf der letzten Grenze des Unendlichen und Endlichen, da wo die Gegensätze der Erscheinung in die reinste Absolutheit verschwinden, dasselbe Verhältnis seine Rechte behauptet und in der letzten Potenz wiederkehrt. Dieses Verhältnis ist das der Philosophie und der Kunst.

Die letztere, obgleich ganz absolut, vollkommene Ineinsbildung des Realen und Idealen verhält sich doch selbst wieder zur Philosophie wie Reales zum Idealen. In dieser löst der letzte Gegensatz des Wissens sich in die reine Identität auf, und nichtsdestoweniger bleibt auch sie im Gegensatz gegen die Kunst immer nur ideal. Beide begegnen sich also auf dem letzten Gipfel und sind sich, eben kraft der gemeinschaftlichen Absolutheit, Vorbild und Gegenbild. Dies ist der Grund, daß in das Innere der Kunst wissenschaftlich kein Sinn tiefer eindringen kann, als der der Philosophie, ja daß der Philosoph in dem Wesen der Kunst sogar klarer als der Künstler selbst zu sehen vermag. Insofern das Ideelle immer ein höherer Reflex des Reellen ist, insofern ist in dem Philosophen notwendig auch noch ein höherer ideeller Reflex von dem, was in dem Künstler reell ist. Hieraus erhellt nicht nur überhaupt, daß in der Philosophie die Kunst Gegenstand eines Wissens werden könne, sondern auch, daß außer der Philosophie und anders als durch Philosophie von der Kunst nichts auf absolute Art gewußt werden könne.

Der Künstler, da in ihm dasselbe Prinzip objektiv ist, was sich in dem Philosophen subjektiv reflektiert, verhält sich darum auch zu jenem nicht subjektiv oder bewußt, nicht als ob er nicht gleichfalls durch einen höheren Reflex sich desselben bewußt werden könnte; aber dies ist er nicht in der Qualität des Künstlers. Als solcher ist er von jenem Prinzip getrieben und besitzt es eben darum selbst nicht; wenn er es mit demselben zum idealen Reflex bringt, so erhebt er sich eben dadurch als Künstler zu einer höheren Potenz, verhält sich aber als solcher auch in dieser stets *objektiv*: das Subjektive in ihm tritt wieder zum Objektiven, wie im Philosophen stets das Objektive ins Subjektive aufgenommen wird. Darum bleibt die Philosophie, der inneren Identität mit der Kunst ungeachtet, doch immer und notwendig Wissenschaft, d.h. ideal, die Kunst immer und notwendig Kunst, d.h. real.

Wie also der Philosoph die Kunst sogar bis zu der geheimen Urquelle und in die erste Werkstätte ihrer Hervorbringung selbst verfolgen könne, ist nur vom rein objektiven Standpunkt, oder von dem einer Philosophie aus, die nicht im Idealen zu der gleichen Höhe mit der Kunst im Realen geht, unbegreiflich. Diejenigen Regeln, die das Genie abwerfen kann, sind solche, welche ein bloß mechanischer Verstand vorschreibt; das Genie ist autonomisch, nur der fremden Gesetzgebung entzieht es sich, nicht der eignen, denn es ist nur Genie, sofern es die höchste Gesetzmäßigkeit ist; aber eben diese absolute Gesetzgebung erkennt die Philosophie in ihm, welche nicht allein selbst autonomisch ist, sondern auch zum Prinzip aller Autonomie vordringt. Zu jeder Zeit hat man daher gesehen, daß die wahren Künstler still, einfach, groß und notwendig sind in ihrer Art, wie die Natur. Jener Enthusiasmus, der in ihnen nichts erblickt als das von Regeln freie Genie, entsteht selbst erst durch die Reflexion, die von dem Genie nur die negative Seite erkennt: es ist ein Enthusiasmus der zweiten Hand, nicht der, welcher den Künstler beseelt, und der in einer gottähnlichen Freiheit zugleich die reinste und höchste Notwendigkeit ist.

Allein wenn nun der Philosoph auch am ehesten das Unbegreifliche der Kunst darzustellen, das Absolute in ihr zu erkennen fähig ist: wird er ebenso geschickt sein, das Begreifliche in ihr zu begreifen und durch Gesetze zu bestimmen? Ich meine die technische Seite der Kunst: wird sich die Philosophie zu dem Empirischen der Ausführung und der Mittel und Bedingungen derselben herablassen können? 679

Die Philosophie, die ganz allein mit Ideen sich beschäftigt, hat in Ansehung des Empirischen der Kunst nur die allgemeinen Gesetze der Erscheinung, und auch diese nur in der Form der Ideen aufzuzeigen; denn die Formen der Kunst sind die Formen der Dinge an sich und wie sie in den Urbildern sind. Soweit also jene allgemein und aus dem Universum an und für sich eingesehen werden können, ist ihre Darstellung ein notwendiger Teil der Philosophie der Kunst, nicht aber insofern sie Regeln der Ausführung und Kunstausübung enthält. Denn überhaupt ist Philosophie der Kunst Darstellung der absoluten Welt in der Form der Kunst. Nur die Theorie bezieht sich unmittelbar auf das Besondere oder einen Zweck, und ist das, wonach eine Sache empirisch zustande gebracht werden kann. Die Philosophie dagegen ist durchaus unbedingt, ohne Zweck außer sich. Wenn man auch darauf sich berufen wollte, daß das Technische der Kunst dasjenige ist, wodurch sie den Schein der Wahrheit erhält, was also dem Philosophen anheimfallen könnte, so ist diese Wahrheit doch bloß empirisch: diejenige, welche der Philosoph in ihr erkennen und darstellen soll, ist höherer Art, und mit der absoluten Schönheit eins und dasselbe, die Wahrheit der Ideen.

Der Zustand des Widerspruchs und der Entzweiung, auch über die ersten Begriffe, worin sich das Kunsturteil notwendig in einem Zeitalter befindet, welches die versiegten Quellen derselben durch die Reflexion wieder öffnen will, macht es doppelt wünschenswürdig, daß die absolute Ansicht der Kunst auch in bezug auf die Formen, in denen diese sich ausdrückt, auf wissenschaftliche Art, von den ersten Grundsätzen aus, durchgeführt würde, da, solange dies nicht geschehen ist, im Urteil wie in der Forderung, neben dem, was an sich gemein und platt ist, auch das Beschränkte, das Einseitige, das Grillenhafte bestehen kann.

Die Konstruktion der Kunst in jeder ihrer bestimmten Formen bis ins Konkrete herab führt von selbst zur Bestimmung derselben durch Bedingungen der Zeit, und geht also dadurch in die historische Konstruktion über. An der vollständigen Möglichkeit einer solchen und Ausdehnung auf die ganze Geschichte der Kunst ist um so weniger zu zweifeln, nachdem der allgemeine Dualismus des Universum, in dem Gegensatz der antiken und modernen Kunst, auch in diesem Gebiet dargestellt und auf die bedeutendste Weise, teils durch das Organ der Poesie selbst, teils durch die Kritik, geltend gemacht worden ist. Da Konstruktion allgemein Aufhebung von Gegensätzen ist, und die, welche in Ansehung der Kunst durch ihre Zeitabhängigkeit gesetzt sind, wie die Zeit selbst, unwesentlich und bloß formell sein müssen, so wird die wissenschaftliche Konstruktion in der Darstellung der gemeinschaftlichen Einheit bestehen, aus der jene ausgeflossen sind, und sich eben dadurch über sie zum umfassenderen Standpunkt erheben.

Eine solche Konstruktion der Kunst ist allerdings mit nichts von dem zu vergleichen, was bis auf die gegenwärtige Zeit unter dem Namen von Ästhetik, Theorie der schönen Künste und Wissenschaften, oder irgend einem andern existiert hat. In den allgemeinsten Grundsätzen des ersten Urhebers jener Bezeichnung lag wenigstens noch die Spur der Idee des Schönen, als des in der konkreten und abgebildeten Welt erscheinenden Urbildlichen. Seit der Zeit erhielt diese eine immer bestimmtere Abhängigkeit vom Sittlichen und Nützlichen: so wie in den psychologischen Theorien ihre Erscheinungen ungefähr gleich den Gespenstergeschichten oder anderem Aberglauben wegerklärt worden, bis der hierauf folgende Kantische Formalismus zwar eine neue und höhere Ansicht, mit dieser aber eine Menge kunstleerer Kunstlehren geboren hat.

Die Samen einer echten Wissenschaft der Kunst, welche treffliche Geister seitdem ausgestreut haben, sind noch nicht zum wissenschaftlichen Ganzen gebildet, das sie jedoch erwarten lassen. Philosophie der Kunst ist notwendiges Ziel des Philosophen, der in dieser das innere Wesen seiner Wissenschaft wie in einem magischen und symbolischen Spiegel schaut; sie ist ihm als Wissenschaft an und für sich wichtig, wie es z.B. die Naturphilosophie ist, als Konstruktion der merkwürdigsten aller Produkte und Erscheinungen, oder Konstruktion einer ebenso in sich geschlossenen und vollendeten Welt, als es die Natur ist. Der begeisterte Naturforscher lernt durch sie die wahren Urbilder der Formen, die er in der Natur nur verworren ausgedrückt findet, in den Werken der Kunst und die Art, wie die sinnlichen Dinge aus jenen hervorgehen, durch diese selbst sinnbildlich erkennen.

Der innige Bund, welcher die Kunst und Religion vereint, die gänzliche Unmöglichkeit, einerseits der ersten eine andere poetische Welt als innerhalb der Religion und durch Religion zu geben, die Unmöglichkeit auf der andern Seite, die letztere zu einer wahrhaft objektiven Erscheinung anders als durch die Kunst zu bringen, machen die wissenschaftliche Erkenntnis derselben dem echten Religiösen auch schon in dieser Beziehung zur Notwendigkeit.

Endlich gereicht es demjenigen, der unmittelbar oder mittelbar. Anteil an der Staatsverwaltung hat, zu nicht geringer Schande, weder überhaupt für die Kunst empfänglich zu sein, noch eine wahre Kenntnis von ihr zu haben. Denn wie Fürsten und Gewalthaber nichts mehr ehrt, als die Künste zu schätzen, ihre Werke: zu achten und durch Aufmunterung hervorzurufen: so gewährt dagegen nichts einen traurigeren und für sie schimpflicheren Anblick, als wenn diejenigen, welche die Mittel haben, diese zu ihrem höchsten Flor zu befördern, dieselben an Geschmacklosigkeit, Barbarei oder einschmeichelnde Niedrigkeit verschwenden. Wenn es auch nicht allgemein eingesehen werden konnte, daß die Kunst ein notwendiger und integranter Teil einer nach Ideen entworfenen Staatsverfassung ist, so müßte wenigstens das Altertum daran erinnern, dessen allgemeine Feste, verewigende Denkmäler, Schauspiele, so wie alle Handlungen des öffentlichen Lebens nur verschiedene Zweige Eines allgemeinen objektiven und lebendigen Kunstwerks waren.

Biographie

1775   *27. Januar:* In einem Pfarrhaus zu Leonberg bei Stuttgart wird Friedrich Wilhelm Joseph Schelling geboren. Ersten Unterrricht erhält er von seinem gelehrten Vater.

1790   Schelling tritt in das Tübinger Stift ein, um Theologie zu studieren. Hier befreundet er sich mit Hegel und Hölderlin. Mit beiden teilt er die Begeisterung für die Französische Revolution. Studiert wurden Kant, Fichte und Spinoza.

1792   Schelling promoviert mit einer lateinischen Abhandlung über den Ursprung des Bösen in der Menschenwelt »Antiquissimi de prima malorum origine philosophematis explicandi tentamen criticum«.

1793   »Über Mythen, historische Sagen und Philosopheme der ältesten Welt«.

1794   »Über die Möglichkeit einer Form der Philosophie überhaupt«.

1795   Im Stift besteht Schelling die Abschlußprüfung.
Er nimmt eine Stelle als Hauslehrer der Barone von Riedesel an.
»De Marcione Paulinarum epistolarum emendatore«.
»Vom Ich als Prinzip der Philosophie oder über das Unbedingte im menschlichen Wissen«.
»Neue Deduktion des Naturrechts«.
»Philosophische Briefe über Dogmatismus und Kritizismus«.
Bei diesen frühen Publikationen Schellings handelt es sich um eine an Fichtes identitätstheoretisch fundierter Philosophie der Tathandlung orientierte Kritik an Kants theoretischer Philosophie der »Kritik der reinen Vernunft«, in der Kant über die Endlichkeit eines lediglich bedingt gültigen, weil auf die begrenzte Welt der Erscheinungen bezogenen, Denkens nicht hinausgekommen war.

1796   Der Hauslehrer begleitet die beiden Barone über Jena nach Leipzig. Dort beschäftigt er sich vor allem mit Naturwissenschaft, Mathematik und Medizin.

1796/97   »Abhandlungen zur Erläuterung des Idealismus der Wissenschaftslehre«.

1797	»Ideen zu einer Philosophie der Natur als Einleitung in das Studium dieser Wisenschaft«.
1798	»Von der Weltseele«.
	Hier ergänzt Schelling die nunmehr als einseitig eingesehene moralphilosophische Position Fichtes um das die Welt der Objekte berücksichtigende naturphilosophische Element und tritt so in eine geistige Verwandtschaft mit Goethe, der ihm zu einer Anstellung an der Jenaer Universität verhilft.
1798/99	Im Winter beginnt Schelling seine akademische Lehrtätigkeit in Jena. Er gehört zum Romantikerkreis um Friedrich und August Wilhelm Schlegel, Caroline Schlegel, Novalis und Tieck.
1799	Nach Fichtes Entlassung befindet sich Schelling in hervorragender Stellung an der Jenaer Universität.
	»Erster Entwurf eines Systems der Naturphilosophie«.
	»Einleitung zu dem Entwurf eines Systems der Naturphilosophie«.
1800	»System des transzendentalen Idealismus«.
	Es handelt sich bei dieser Publikation um das bekannteste Werk des Philosophen, in dem er ein System des gesamten Wissens zu geben unternimmt, gipfelnd in einer »Philosophie der Kunst«.
1801	»Über den wahren Begriff der Naturphilosophie und die richtige Art, ihre Probleme aufzulösen«.
	»Darstellung meines Systems der Philosophie«.
	Hier, eigentlich jedoch im »System des transzendentalen Idealismus« bezieht Schelling den Standpunkt der absoluten, und folglich bestimmungslosen Identitätsphilosophie, was Hegel in der Vorrede der »Phänomenologie des Geistes« dazu veranlaßte, von der »*Nacht*« des Absoluten zu sprechen, in der »*alle Kühe schwarz sind*«, wörtlich: »*Irgendein Dasein, wie es im Absoluten ist, betrachten, besteht hier in nichts anderem, als daß davon gesagt wird, es sei zwar jetzt von ihm gesprochen worden als von einem Etwas; im Absoluten, dem A = A, jedoch gebe es dergleichen gar nicht, sondern darin sei alles eins. Dies Eine Wissen, daß im Absoluten Alles gleich ist, der unterscheidenden und erfüllten oder Erfüllung suchenden und fordernden Erkenntnis entgegenzusetzen, – oder sein*

Absolutes für die Nacht auszugeben, worin, wie man zu sagen pflegt, alle Kühe schwarz sind, ist die Naivität der Leere an Erkenntnis.« Mit diesen Sätzen war der Bruch im Verhältnis Schellings zu Hegel eingeleitet.

Hegel kommt nach Jena und habilitiert sich als Privatdozent.

1802 »Bruno oder über das göttliche und natürliche Princip der Dinge«.

»Fernere Darstellungen aus dem System der Philosophie«.

»Über das Wesen der philosophischen Kritik überhaupt, und ihr Verhältnis zum gegenwärtigen Zustand der Philosophie insbesondere«.

»Über das Verhältnis der Naturphilosophie zur Philosophie überhaupt«.

1802/03 Schelling und Hegel geben gemeinsam die Zeitschrift »Kritisches Journal der Philosophie« heraus.

1803 Schelling siedelt an die Universität Würzburg über und wird dort Professur für Philosophie.

Er verbindet sich mit Caroline, deren Ehe mit August Wilhelm Schlegel getrennt worden ist.

»Vorlesungen über die Methode des akademischen Studiums«.

1804 Schelling schreibt einen Nachruf »Immanuel Kant«.

»Philosophie und Religion«.

»System der gesamten Philosophie und der Naturphilosophie insbesondere. Erster Teil«.

1804/05 Schelling hält die »Würzburger Vorlesungen«, die aus dem Nachlaß herausgegeben sind. Zu dieser Zeit setzt seine Beschäftigung mit dem Neuplatonismus und der mystischen Theosophie Jacob Böhmes ein.

1805 Schelling gibt zusammen mit dem Mediziner A. F. Marcus die »Jahrbücher der Medicin als Wissenschaft« heraus (bis 1808).

1806 Das Bistum Würzburg wird auf Veranlassung Napoleons der österreichischen Herrschaft unterstellt; protestantische Professoren müssen die Universität verlassen.

Schelling geht nach München und wird Mitglied der Akademie der Wissenschaften und Generalsekretär der Akademie der bildenden Künste. Er bleibt jedoch ohne Lehramt.

»Darlegung des wahren Verhältnisses der Naturphilosophie zu der verbesserten Fichte'schen Lehre«.

1806 Es erscheinen Aufsätze in den »Jahrbüchern der Medizin« (bis 1808).

1807 Am Namenstag des Königs hält Schelling die Festrede »Über das Verhältnis der bildenden Künste zur Natur«.

1809 »Philosophische Untersuchungen über das Wesen der menschlichen Freiheit«.

7. Februar: Caroline stirbt. Das dem Andenken Carolines gewidmete Gespräch »Clara oder über den Zusammenhang der Natur mit der Geisterwelt« bleibt unveröffentlicht und erscheint erst 1861 posthum in Auszügen aus dem Nachlaß, der von Schellings Sohn herausgegeben wird.

1811 Nachdem von »Die Weltalter« bereits ein großer Teil gedruckt ist, zieht Schelling das Manuskript zurück und läßt die fertigen Bogen wieder vernichten. Erst 1861 wird das Werk posthum teilweise publiziert.

1812 Schelling heiratet die 23jährige Pauline Gotter, Tochter des Dichters F. W. Gotter. Aus dieser Ehe gehen drei Söhne und drei Töchter hervor.

»Denkmal der Schrift Jacobis von den göttlichen Dingen« ist eine Entgegnung auf einen Angriff seitens Jacobis.

1815 »Über die Gottheiten von Samothrake«.

1820 Es beginnt eine Gastprofessur in Erlangen.

1821 Schelling hält unentgeltlich Vortragsreihen über Geschichte der neueren Philosophie, Philosophie der Mythologie und Philosophie der Offenbarung.

1827 Er wird von König Ludwig I. als General-Konservator der wissenschaftlichen Sammlung des Staats, Vorstand der Bayrischen Akademie der Wissenschaften und Universitätsprofessor nach München berufen.

Von hier ab datiert die sogenannte »positive Philosophie« oder die »Philosophie der Mythologie« bzw. der »Offenbarung«. Ihr kontrastiert, einmal mehr, die »negative oder rationale Philosophie« vor allem Hegels. Die »positive Philosophie« schließlich sieht Schelling bereits im »Durchbruch zur Freiheitslehre« von 1809 gewonnen. Die entscheidende Frage lautet dabei, inwieweit das Wirkliche restlos im Begriff aufgeht. Dadurch, daß Schelling die unmittelbare Wirklichkeit dem Begriff kontrastiert und auf diese Weise den sogenannten Panlogismus Hegels kritisiert zu haben glaubt, ist er der eigentliche Urheber der stets positiven und dabei allenthalben auf die Leistungen des Intellekts schmähenden Existenzphilosophie seit Kierkegaard.

1829   Schelling trifft Hegel in Karlsbad.

1831   *14. November:* Hegel stirbt.

1834   Schelling verfaßt die Vorrede zu der deutschen Übersetzung einer Schrift von V. Cousins, darin eine Fortsetzung der Polemik gegen Hegel.

1841/42 Schelling wird nach dem Regierungsantritt Friedrich Wilhelms IV. auf den Berliner Lehrstuhl berufen, um die »*Drachensaat des Hegelianismus auszureuthen*«. Zu seinen Zuhörern zählen u.a. Kierkegaard, Friedrich Engels und Bakunin. Seine Antrittsrede erregt Aufsehen, danach jedoch erlahmt das Interesse, zumal da Schelling insgesamt nur fünfmal über Philosophie der Mythologie und lediglich einmal über Philosophie der Offenbarung liest.

1848   Von nun an zieht sich der Philosoph auf den engsten Familien- und Freundeskreis zurück.

1850   Die »Abhandlung über die Quelle der ewigen Wahrheiten« wird gelesen in der Gesamtsitzung der Akademie der Wissenschaften zu Berlin.

1854   *20. August:* F.W.J. Schelling stirbt in Ragaz in der Schweiz, wohin er sich zwecks Behandlung eines Bronchialkatarrhs begeben hat.

Lektürehinweise

K. Rosenkranz, Schelling, Danzig 1843.

H. J. Sandkühler, Friedrich Wilhelm Joseph Schelling, Stuttgart 1970.

P. Szondi, Poetik und Geschichtsphilosophie, 2 Bde., Frankfurt a. M. 1974.

J. Kirchhoff, F. W. J. v. Schelling, Reinbek bei Hamburg 1982.

A. Gulyga, Schelling. Leben und Werk, Stuttgart 1989.

Erzählungen aus dem Biedermeier

Biedermeier - das klingt in heutigen Ohren nach langweiligem Spießertum, nach geschmacklosen rosa Teetässchen in Wohnzimmern, die aussehen wie Puppenstuben und in denen es irgendwie nach »Omma« riecht.

Zu Recht. Aber nicht nur.

Biedermeier ist auch die Zeit einer zarten Literatur der Flucht ins Idyll, des Rückzuges ins private Glück und der Tugenden. Die Menschen im Europa nach Napoleon hatten die Nase voll von großen neuen Ideen, das aufstrebende Bürgertum forderte und entwickelte eine eigene Kunst und Kultur für sich, die unabhängig von feudaler Großmannssucht bestehen sollte.

Georg Büchner Lenz **Karl Gutzkow** Wally, die Zweiflerin **Annette von Droste-Hülshoff** Die Judenbuche **Friedrich Hebbel** Matteo **Jeremias Gotthelf** Elsi, die seltsame Magd **Georg Weerth** Fragment eines Romans **Franz Grillparzer** Der arme Spielmann **Eduard Mörike** Mozart auf der Reise nach Prag **Berthold Auerbach** Der Viereckig oder die amerikanische Kiste

ISBN 978-3-8430-1884-5, 444 Seiten, 29,80 €

Erzählungen aus dem Biedermeier II

Annette von Droste-Hülshoff Ledwina **Franz Grillparzer** Das Kloster bei Sendomir **Friedrich Hebbel** Schnock **Eduard Mörike** Der Schatz **Georg Weerth** Leben und Taten des berühmten Ritters Schnapphahnski **Jeremias Gotthelf** Das Erdbeerimareili **Berthold Auerbach** Lucifer

ISBN 978-3-8430-1885-2, 440 Seiten, 29,80 €

Erzählungen aus dem Biedermeier III

Eduard Mörike Lucie Gelmeroth **Annette von Droste-Hülshoff** Westfälische Schilderungen **Annette von Droste-Hülshoff** Bei uns zulande auf dem Lande **Berthold Auerbach** Brosi und Moni **Jeremias Gotthelf** Die schwarze Spinne **Friedrich Hebbel** Anna **Friedrich Hebbel** Die Kuh **Jeremias Gotthelf** Barthli der Korber **Berthold Auerbach** Barfüßele

ISBN 978-3-8430-1886-9, 452 Seiten, 29,80 €

Erzählungen der Frühromantik

1799 schreibt Novalis seinen Heinrich von Ofterdingen und schafft mit der blauen Blume, nach der der Jüngling sich sehnt, das Symbol einer der wirkungsmächtigsten Epochen unseres Kulturkreises. Ricarda Huch wird dazu viel später bemerken: »Die blaue Blume ist aber das, was jeder sucht, ohne es selbst zu wissen, nenne man es nun Gott, Ewigkeit oder Liebe.«

Tieck Peter Lebrecht **Günderrode** Geschichte eines Braminen **Novalis** Heinrich von Ofterdingen **Schlegel** Lucinde **Jean Paul** Des Luftschiffers Giannozzo Seebuch **Novalis** Die Lehrlinge zu Sais
ISBN 978-3-8430-1878-4, 416 Seiten, 29,80 €

Erzählungen der Hochromantik

Zwischen 1804 und 1815 ist Heidelberg das intellektuelle Zentrum einer Bewegung, die sich von dort aus in der Welt verbreitet. Individuelles Erleben von Idylle und Harmonie, die Innerlichkeit der Seele sind die zentralen Themen der Hochromantik als Gegenbewegung zur von der Antike inspirierten Klassik und der vernunftgetriebenen Aufklärung.

Chamisso Adelberts Fabel **Jean Paul** Des Feldpredigers Schmelzle Reise nach Flätz **Brentano** Aus der Chronika eines fahrenden Schülers **Motte Fouqué** Undine **Arnim** Isabella von Ägypten **Chamisso** Peter Schlemihls wundersame Geschichte **Hoffmann** Der Sandmann **Hoffmann** Der goldne Topf
ISBN 978-3-8430-1879-1, 408 Seiten, 29,80 €

Erzählungen der Spätromantik

Im nach dem Wiener Kongress neugeordneten Europa entsteht seit 1815 große Literatur der Sehnsucht und der Melancholie. Die Schattenseiten der menschlichen Seele, Leidenschaft und die Hinwendung zum Religiösen sind die Themen der Spätromantik.

Brentano Die drei Nüsse **Brentano** Geschichte vom braven Kasperl und dem schönen Annerl **Hoffmann** Das steinerne Herz **Eichendorff** Das Marmorbild **Arnim** Die Majoratsherren **Hoffmann** Das Fräulein von Scuderi **Tieck** Die Gemälde **Hauff** Phantasien im Bremer Ratskeller **Hauff** Jud Süss **Eichendorff** Viel Lärmen um Nichts **Eichendorff** Die Glücksritter
ISBN 978-3-8430-1880-7, 440 Seiten, 29,80 €